初中英语文学
体验阅读行动研究

黄 英 / 主编

西安出版社

图书在版编目（CIP）数据

初中英语文学体验阅读行动研究 / 黄英主编. — 西安：西安出版社，2023.9

ISBN 978-7-5541-7123-3

Ⅰ. ①初… Ⅱ. ①黄… Ⅲ. ①英语—阅读教学—教学研究—初中 Ⅳ. ①G633.412

中国国家版本馆CIP数据核字（2023）第179696号

初中英语文学体验阅读行动研究

CHUZHONG YINGYU WENXUE TIYAN YUEDU XINGDONG YANJIU

出版发行：西安出版社

社　　址：西安市曲江新区雁南五路 1868 号影视演艺大厦 11 层

电　　话：（029）85264440

邮政编码：710061

印　　刷：北京政采印刷服务有限公司

开　　本：787mm×1092mm　1 / 16

印　　张：16

字　　数：253千字

版　　次：2023 年 9 月第 1 版

印　　次：2023 年 11 月第 1 次

书　　号：ISBN 978-7-5541-7123-3

定　　价：58.00 元

编 委 会

目 录
CONTENTS

上篇　理论概述

下篇　教学总结

上 篇

理论概述

注：上篇内容由本书主编、副主编团队合作撰写。

第一章

引 言

　　笔者在多年的初高中英语教学中发现，学生词汇量的匮乏和英语思维能力的欠缺，从根本上限制了大多数学生英语多项能力的发展，具体表现为：听不懂地道英语、说不出流畅的英语、看不懂英文文本、写不出较好的英语文章。所以他们中一部分人慢慢地就对英语学习失去了信心，继而失去了兴趣；或者因为在各类考试中，英语成绩永远没有进步，甚至不断后退，产生了英语学习无力感，最后干脆破罐破摔了。可是实际上学完规定的教材，部分学生就只学了大量单词，但为什么会出现这样的现象呢？同时，英语教师也是一直在辛苦努力地教。然而无论教师怎么认真抓单词默写，句子、课文背诵，怎么教学习英语的方法，部分学生却还是难以达到应有的效果。一直以来，这就是我国英语教与学的现状，就正如有些专家所说，耗时费力，收效却很低，教师和学生都觉得非常的累。

　　英语作为世界上使用最广泛的语言之一，不仅是一门必修课程，且教师应能开展有效地教与学，让学生获得较好的英语能力。如果我们不改变现状，不仅做了无用功，还会影响学生未来的发展。作为一名一线英语教师，我总是在思考如何帮助学生解决这种词汇记不住、忘得快、积累少、英语思维能力低，最终连一篇英语短文都不能完全看懂的难题。

　　某日，我在阅读《中小学英语教学与研究》时读到一篇文章，其中提到中学英语文学体验阅读，继而回想起自己还是中学生时，很喜欢看当时的语文学习报，虽然当时家里经济不宽裕，但我还是央求父亲给我坚持订了两年该报刊，因为我被其中的一个栏目《故事连载》吸引住了，一定要阅读完那些连载的故事。自2002年开始，我在任教普通农村高中时，也曾尝试在所教的班级中，带领学生共读《简·爱》的英语简写本（黑白版），但最终因为个人力量单薄、学生高考学习压力大，没有坚持下去。因之审视一下我们的生活日常，发现大人、小孩都喜欢看电视剧。为什么呢？因为电视剧有具体的情节，有引人入胜的故事，而且看了这些电视剧，很长时间之后仍然记得较清楚。于是我想，英语文学体验阅读应该是可以大力开展的，因为文学的文本大多有具体的吸引人的故事和情境，学生也许会感兴趣，也许能够达到类似于看电视剧时那种难忘的效果。从2017年开始，我任教初中英语，再一次目睹了学生和英语老师们的辛苦，教学成效低，学生对单词学了忘，记了忘，默了还是忘，即使师生共同花大量时间努力记单词、背文章，仍然没有改变，我以为这是该再次开始英语文学体验阅读的时候了。所以从2017年开始，我便组织我校英语教师组成"初中英语文学体验阅读教学研究课题组"。（黄英执笔）

第一节　开展初中英语文学体验阅读的意义

一、理论意义

语言是文化的产物，而文学则是艺术化的语言，也是语言学习的最高境界。文学是词汇和句法结构使用的范例；文学通过运用广泛而细腻的词汇，通过运用准确的句法叙述着故事、描写着场景，读者可在欣赏其故事情节、场景描写的同时，通过注意作者的词汇应用和准确表达来自然地习得这些词汇和句法。文学语言的生动、形象性也有利于交际能力的培养。文学语言与日常生活用语本质上没有什么不同。它是日常生活语言的一种'最优美的'表达形式。因此文学语言对读者具有无与伦比的吸引力，它能激起读者强烈的阅读欲望。

　　文学阅读是我国早期外语教学的优良传统，中华人民共和国成立前初中英语教学常把文学名著作为教材或普通读物，高中英语教学中也经常采用一些文选或名著。

　　"文学阅读具有乐学的意义和诱发积极情趣的作用。"文学阅读能形成情节记忆。在阅读中，学生好像亲身经历了文中所述的各种事件，这样的体验能促进学生听说读写能力的全面发展，促进学生的认知成熟。近些年来，国内学者对加强英语文学阅读教学的呼声越来越高，国内著名学者如胡春洞、黄源深、黄远振、王初明等都呼吁在英语教学中要加强文学阅读，胡春洞认为："离开文学的英语学习路线是以一种以实用主义哲学思想为主导的路线，是近视而无远视的路线，是抄近路而反绕远的路线。"黄源深呼吁开展文学阅读，培养学生的思维能力。黄远振认为无论是培养阅读习惯，增强语感和提升思维能力，还是人文素养，文学阅读都是有效途径。王初明认为读英文小说对阅读者帮助很大，读英文长篇小说的帮助更大，一部长篇小说会反复出现某些词语和句型，作品越长，其复现率就越高，不仅为阅读者提供了促进其英语学习必不可少的丰富语境，而且为加速其掌握外语语言结构提供了高效平台。近年来在基础教育英语教学实践中，越来越多的教师开始施行文学阅读教学。何泽教授通过大量理论研究，认为在基础英语教学中，文学阅读教学相关研究仍然比较薄弱，至今仍主要集中在文学阅读教学在选修课中的尝试，文学阅读的选材也大多集中于美文或者少量短篇小说，实践的时间也多是短期的。而语文教学中，文学阅读的理论研究和实践，值得我们学习和借鉴，虽然汉语是我们的母语，但同属语言的学习，其规律是相通的，叶圣陶在20世纪40年代就提出要读"整本的书"，因为在他看来，"单篇短章"的教材"将会使学生眼花缭乱，心志不专，仿佛走进热闹的都市，看见许多东西，可是一样也没有看清楚"。而且读惯了单篇短章，教师局限在小规模的范围之中，魄力就不大了，等遇到规模较大的东西，就说是二百页的一本小说吧，将会感到不容易对付。而以"整本的书"为教材，虽然在短短数年间读不了几部，但"心志可以专一，讨究可以彻底"。语文教学中整本书阅读已经写进了课程标准，要重视培养学生广泛的阅读兴趣，扩大阅读面，增加阅读量，提高阅读品位。提倡少做题，多读书，好读书，读好书，读整本书。

另一方面，近年来，随着英语系列儿童小说，如《哈利·波特》《夏洛的网》等的盛行，有一些青少年开始选择阅读经典文学，体会阅读文学作品所带来的乐趣，且人数呈上升趋势。与此同时，在众多文学体裁中，英语儿童文学语言文字难度相对较小，成为可被外语学习者接受的一种文学形式，也渐渐被英语教师所接纳，还有少量被选入中学英语课堂，如《鲁滨孙漂流记》等。

二、实践意义

尽管英语单词有百万之多，然而1%的单词就能构成99%的句子，2000个基础单词的重复就能构成一份报纸，或试卷上95%的文字。按理，一名中学生花200小时学英语，一年之后应该能读英文版的《林肯传》，而现在中学的英语课程，学生辛苦学英语，几年之后却不能读懂英文版的安徒生童话，遇到真实情境更是"哑巴英语"，这是"千金拨四两"的教育效果。但在1970年前我国有中学生，把印度人的英语课本当《三字经》念，念完100遍之后，学习效果很好！而这恰好是两百小时的阅读积累。我们的著名科学家杨振宁、李政道等西南联大的"学生"，他们刚到美国时，就是从阅读200本英语小说（200本500页的书恰好是教育家苏霍姆林斯基说的2000小时的阅读积累）开始的。关于这一点，我国古代先人也已有睿智之言，"书读百遍，其义自见""读书破万卷，下笔如有神"。由此可见，阅读在语言学习中是多么重要和有效。

文学体验阅读可以创新英语阅读教学，丰富英语教学内容，在理论上具有一定的指导意义。它强调学生在阅读过程中自主的体验，通过导读、自主阅读、持续阅读的体验阅读方式，让学生不断克服字词理解障碍，从而获得独特的文化理解以及语言感知和体验，能真正提高学生的英语能力和核心素养，而且通过文学体验阅读可以逐步改变教师过去以应试为目的的教学方法，使他们更新理念，抓住阅读的根本宗旨，回归阅读本来的目的。再者，文学体验阅读选取文学原著或其改编本作为阅读材料，章节与章节之间联系紧密，人物、情节、思想铺展开来，丰富了学生的阅读内容，提升了学生的阅读兴趣。通过阅读英语文学作品，学生能体悟到社会的真实、生命的价值，自然也就会产生思想上的感悟、心灵上的触动、情感上的共鸣，从而拿文学内容来比对自己，进而导致其精神境界升华。认真分析近几年的长沙市中考考题，我们不难发现，中考的阅读理解正在悄然改变，如2018年长沙市的英语中考考卷，节选了*The Prince and the Pauper*（《王子与贫儿》）中的片段，这是Mark Twain的代表作之一；2019年山东的英语中考阅读理解考题中，出现了英国作家J. K. Rowling畅销全球的魔幻文学系列小说——*Harry Potter*（《哈利·波特》）；在2021年的长沙市中考考卷中，考的是Mark Twain的经典名著*The Million Pound Note*（《百万英镑》），这无疑告诉我们，英语文学阅读是大势所趋。

第二节　开展与文学整本书体验阅读的背景

阅读是人们获取信息、认识世界、发展思维、获得审美体验的重要途径，在信息化的世界，阅读的重要性显而易见，因此人们要养成持续阅读，高效阅读的习惯，才能跟上不断进步的时代步伐；良好的阅读素养关乎个人的发展和国家的竞争力。世界各国和各地区为推进全民阅读、提高全民阅读素养做出了各种尝试和探索。1972年联合国教科文组织在世界图书大会上正式提出阅读社会的概念，美国建立并发展了众多专门研究阅读的机构，将阅读社会的理论付诸行动。2001年，布什政府，以美国国家阅读专家组于2000年发布的报告为理论基础颁布了*No Child Behind*（《不让一名儿童落后法》），提出Reading First（阅读优先）政策。

阅读是一项需要终身学习的技能，在全球化背景下，在信息量激增的今天，阅读可以让阅读者了解不同的风土人情，跨越时间、空间、物理的局限，去触碰、理解更多的不同。所以在如今社会，阅读素养的重要性也在不断被提及。信息获取的便利性以及快捷性也更加要求阅读者要有筛选出优秀作品信息的能力。在当今时代背景下，我国已经推出全民阅读战略。在《国家中长期教育改革和发展规划纲要（2010—2020年）》正式提倡全民阅读。2016年，国家广播电视总局根据国务院立法工作计划起草了《全民阅读促进条例（征求意见稿）》，提出"国务院教育行政部门在推进实施素质教育的过程中，应当根据未成年人身心发展状况和实际情况，加强培养其阅读兴趣、阅读习惯和阅读能力"。

英语课程标准在语言技能分级标准中详细界定了学生应达到的课外阅读量，其中对应初中学段的三级、四级和五级水平应分别累计达到4万词、10万词和15万词以上。然而，中学生们的实际英文课外阅读情况不容乐观，表现为阅读量少、阅读效率低、阅读动机弱以及阅读习惯难以养成等。因此，教师带动学生开展自主英文阅读势在必行。

中共中央办公厅、国务院办公厅印发《关于进一步减轻义务教育阶段学生作业负担和校外培训负担的意见》提出，要满足学生个性化需求。在课后服务时间内，既可以由学校指导学生完成作业，或补习辅导答疑等；还可以开展丰富多彩的科普、文体、艺术、劳动、阅读、兴趣小组及社团活动。中小学校"五项管理"关于读物也做了相关规定，既要治理以往课外读物进校园过程中产生的乱象，又要鼓励优质读物进校园，为学校营造良好的阅读氛围，充分发挥课外读物帮助学生开阔视野、陶冶情操、增长知识、启迪智慧、塑造良好品质和健康人格等方面的积极作用，达到良法善治的目标。由此可见，减少学生作业负担和课外培训班负担，反对学生刷题，增加了学生课外阅读的时间。

第三节　孩子终身发展的需要

教育家兼脑科学家洪兰教授于2016年在她的TED演讲中，用脑科学告诉各位家长：运动、游戏和阅读是发展孩子大脑最好的三个方法。在洪兰教授看来，说话是本能，阅读是习惯。阅读会改变大脑，阅读是最快获取信息的方式，眼睛一分钟看字668个，而说话最快一分钟250个字，阅读承载的信息量将近是说话的3倍。"阅读是让孩子'静下心来'深入看世界，它是孩子智力发展的无限延展。"阅读可以将别人的经验内化成自己的，可以让人类用有限的生命去学习无限的知识。那么，如何提高阅读能力呢？洪教授还说，大量阅读课外读物才是真正提高阅读能力的方法。要让孩子大量阅读课外读物，凡是走过的路都会留下痕迹，广泛阅读会促进增加一个人的背景知识，背景知识决定了孩子所看到的东西。

外语阅读是对母语阅读的重要补充，对孩子的语言和全人发展具有积极的作用，同时外语阅读也是语言学习中的一项重要能力。阅读技能的提高，不但有助于培养学生良好的文化意识，帮助其掌握有效的学习策略，形成积极的情感态度，促进整体语言技能的提升，而且对学生认知能力的发展、人文素养的培养和正确价值观的形成也会产生深远的影响。Krashen也指出，第二语言包括外语阅读，不仅对语言能力的发展有推动作用，还能促进儿童的认知发展，减少写作时的焦虑感，增添愉悦感。

英语学习当然也离不开大量阅读。有研究发现，要让孩子掌握英语，就应该大量阅读原汁原味的英文原版书。有了大量阅读的基础之后，孩子们猜生词和阅读理解能力也会大大提高。有数据表明，一个大量阅读的孩子约有18000的单词储备，相当于3倍的六级词汇量，比不怎么阅读的孩子多了整整50%！课程标准提出初中学生的阅读量化要求应该是15万字以上。可见，英语阅读对于英语学习是多么重要！

我国学生英语学习费时较多，收效却低，大部分学生只会开口说写简单词句，却不会拼写、不会运用。还有些心急的家长，从幼儿时期就开始让孩子接触英语，甚至请外教，或上各种英语培训班，如新概念英语、泡泡英语、剑桥英语等。但是真正拥有丰富英语词汇，口语、笔头运用自如的学生却是凤毛麟角。花费的学习经费也多，收效还是低。大多数家长只会从分数上看孩子的英语水平，可是有些中考英语考了100多分的孩子，到了高中却可能不及格。更可怕的是，如此下来，有些学生很早就没有了学习英语的信心。同样，有些家长也对孩子的英语学习丧失了信心。实际上，我的亲朋好友的孩子也有这样的，从小学英语，没想到却在初一刚开始不久，就考试不及格。作为一名英语教师，我试图单独帮助这些孩子，却发现知识类的孩子都能明白听懂，但却无法提高成绩，究其原因，都是因为词汇的问题卡在那里。单词记了就忘。而这种单词记不住或记了就忘，再或者孤立的单词不会运用，挫伤了一些孩子学习英语的自信心，也伤了一些家长的心。是时候寻找让教师、家长和孩子都可以获益的英语学习方法了。

2014年，教育部出台《关于全面深化课程改革落实立德树人根本任务的意见》，提出了"核心素养"这一重要概念，要求着力推进研制与构建学生发展核心素养体系。其中英语学科核心素养包括语言能力、文化品格、思维品质和学习能力，而且还要注重培养学生的阅读理解能力。而我们英语教师在实际英语教学中是怎样提高学生的阅读能力的呢？一般英语教师采用的都是以课文阅读教学为中心，这对学生不断获得新的语言知识、培养一定的阅读理解能力及进一步学习英语切实打好基础等方面还是有一定帮助的。但是单调的课文文本对学生提高实际运用英语及阅读技能、技巧等能力还锻炼得不够。长期以来，因为应试教育理念的影响，我们中学英语教学中传统的阅读课实际成了一种纯语言知识传授课，学生只是通过机械地学习词汇和句子，达到掌握语言目标的目的，语言学习变得枯燥、乏味。所以学生的英语阅读水平很难得到真正提高，而其阅读能力的高低却影响着其英语的听、说、读、写能力。另一方面，这种教学也无法达成对学生文化品格和思维品质等的培养，很难实现新时代要求的英语学科核心素养的培养目标，已无法满足学生核心素养培养的需求。

第四节　中学英语阅读教学现存的主要问题

一、认识上的偏颇

大多数人认为学英语要把语法彻底弄清楚，要多记、死记单词，孤立地背，甚至背词典，要大量听、说，等等。

二、阅读材料匮乏

现在我们学生的课外阅读内容基本上是教师提供的为应付考试所选的文章，要么是新闻截取改编，要么是各种资料的照搬。这类文章大多缺乏语言美、缺乏连贯性、更缺乏趣味性。课本上的阅读文章是不能满足学生的阅读需求的，"真正的阅读能力不可能完全通过课堂教学来培养，学生需要补充适合不同阶段学生的认知发展需求、语言发展水平、题材和体裁丰富的读物，特别是要能够在教师的指导下，逐步发展各种阅读的策略，养成良好的阅读习惯，以达到《义务教育普通高中英语课程标准（实验稿）》在英语阅读内容和阅读能力两方面提出的要求"。

三、教学方法不当

英语是一门语言学科，而我们中学英语教学不仅要求学生掌握语音、语法知识及一定的词汇量，同时要培养他们听、说、读、写"四会"的能力。而现实中，英语教师又是怎样教的呢？笔者作为一线教师和六年的英语工作室首席名师，通过长时间的观察发现，也许是受汉语学习的深刻影响，也许是受某些老一辈英语教师的影响，或者是受翻译教学法的影响，很多英语教师的真实课堂是带学生学单词、翻译句子、机械练习新词句。而且有部分学生也觉得这样很好，因为他们觉得更踏实，也懂了文字表面的内容。到了初三毕业那一年，又大多早早地赶完了教材新课，直接进入语言知识的地毯式复习，以及反复大量地刷题。久而久之，学生也习惯了这样的复习方式。当然也有一些教师会应用任务型等教学法，但也只在公开课上使用一下，也许因为觉得大家都不这么做，自己一个人这样做，担心自己的教学效果达不到同行的水平，当然更因为这样的课堂需要教师们花费大量的备课时间和精力，而依据书本、按传统教学法，一堂课很容易打发。殊不知，这样看起来知识满满的、扎实的课堂，学生和教师都很累，没什么学习乐趣可言，实际上学生也很容易忘记课堂上所学的内容，很难留下长久记忆，更不会在生活中真正运用。

四、阅读评价片面

阅读的评价除了考试形式的评价，几乎无其他方式的评价，以简单的分数来定，既不准确，也偏离了阅读的方向。"目前教师采用的阅读评价缺乏连续性，忽视综测前测和后测的匹配性的提升，也缺少评价的工具，虽然研究者开发了一系列科学有效的阅读评价工具，但教师们缺少了解和使用这些工具的途径，也不知道如何选择适合的评价工具"。

五、阅读体验缺失

因为日常教学有各种考虑，如学校要统一进度，或者教学时间因为多种原因被缩减，或者家长们急功近利，还有因为学校要对教师的教学短期考核，等等，许多一线英语教师不得不课内课外抓课本、抓练题，围绕考试的指挥棒转，却并没有抓住考试的真谛，更谈不上以考试来正确地反驳考试。说来说去，如今的英语课堂，大多还是以传统的"灌"为主，课后以传统的考试题型来加强巩固。如此一来，课堂上的阅读大多是了解中文意思，学习语言知识；课后的阅读大多是阅读零散短文，做对应的预设练习题。学生怎会有大量的、真正的阅读体验呢？

目前英语阅读教学现状表现为以下几方面：第一，现行的课文教学篇目少、篇幅短，不能保证充分的阅读活动；第二，精读教学担负着语言知识教学的任务，大量时间用于语言点的巩固掌握，而缺少阅读训练。

目前中学阶段采用的英语教材，大都围绕语言结构、功能、话题、任务来设计编排，阅读的主要目的是寻找信息。这样的阅读取向直接导致了中小学生功利性阅读和英语文学经验的极度贫乏，难以实现阅读教学的宗旨。现在学生在课外进行的英语阅读普遍停留在"阅读教材文本"和"完成语篇填空或阅读理解"；"话题阅读"和"英文报刊"阅读倒是有一些学生在学校的要求下开始涉及，但只是少部分学生，而且几乎没有长期坚持者。作为具有不可替代价值的"简易英文名著"阅读也只是极少学生起步阶段的尝试，并没有一定的习惯和自觉性，更谈不上坚持，也谈不上达到应有的效果。有调查显示，因为教学进度、应试训练等，我国中学英语教育基本不涉及文学阅读，也就是说英语文学教育几乎是一片空白，对文学阅读真正感兴趣的学生也是少之又少，阅读量更是少得惊人。我们今天的学生，在英语学习上、在学校教育机制下，多是疲于做题，没有真正的阅读！一个忙于做题、无暇阅读的学生是不可能成大器的！一个忙于考试而无暇读书的民族是不可能有希望的。因此，英语文学阅读迫在眉睫！

第二章

初中英语文学体验阅读的文献综述

第一节 有关阅读教学的相关研究

阅读是英语教学不可或缺的一个重要环节，对英语文学阅读教学进行研究，势必要先对阅读教学研究进行梳理。

一、阅读教学的定义

阅读教学是指在教师的指导下，学生自主参与阅读的实践活动，是培养学生读写能力和发展智力的有效途径。阅读教学不仅要求学生掌握语篇的语言知识，而且要求学生掌握阅读策略和技能，引导学生重构阅读材料，理解语篇的深层文化内涵，提升学生的阅读鉴赏能力。

肖礼全将阅读教学分为阅读前、阅读中、阅读后三个过程。他认为，在阅读之前，教师首先要处理好文中的词汇、短语、句型等语法知识，同时给学生介绍或补充和语篇相关的背景知识，也可给学生布置独立收集阅读材料的任务，为下次阅读做好准备。在阅读教学过程中，教师的主要职责是设计和布置学生的阅读任务。阅读不应该是简单地应对课程要求，机械地进行语言学习和技能培养。在粗读后，教师要指导学生认真研读文本，分析语篇的逻辑结构，深刻理解语篇的文化内涵。阅读结束后，教师可以根据文章的主题内容为学生设计实际应用任务，从而巩固学生所学的知识，提高学生的实际应用能力。在这样的阅读任务中，学生以文本为依托拓展思维，通过阅读文本，识别出自己需要的信息，有利于学生更清楚地认识到阅读的价值。王惠萍指出，在英语阅读教学中，教师应充分利用文本资源，加强对学生的多模式识别能力的培养。朱晓燕认为在阅读教学中，教师要更加注重学生的主动性，积极运用生活常识、文本背景知识、语言知识等多种知识，对语言材料和作者的观点、意图进行分析评价。张湘认为在英语阅读教学中强调图形交互的可视化研究可以提高学生的思维能力。

二、阅读教学的理论基础

任何教学都离不开理论支撑，无论是教学思想的形成，还是教学模式的构建，都必定有其理论基础。因此，在对现有阅读教学研究的理论探索过程中，我们发现，阅读教学是基于下面几个理论而展开的。

（一）建构主义理论

在西方比较主流的教育思想中，建构主义是比行为主义、认知主义更成熟、应用更广泛的一套理论，是一种关于知识性质的哲学观点，是认知理论的一个分支。瑞士著名认知领域心理学家皮亚杰在20 世纪60年代首次提出了这一概念。他认为，人类学习是有目的的活动，是个人发展和通过与环境互动而社会化的进程，"以学生为中心"是其理论的核心，强调学习者主动探索、发现及建构知识。

皮亚杰认为，人类的认知发展实际上是一个积极的建构过程。建构主义学习观认为，学习不是学习者直接从外部环境中获得知识的过程，也不是教师直接向学习者传递知识的过程。相反它是学习者在已有知识和社会经验的基础上编码、解码、吸收、积极建构新信息的过程。学习者的这种知识建构具有主动性，也就是学习者充分调动已有的知识经验，不断思考，在运用知识时进行综合分析，及时进行反思和评价；具有社会活动性，学习者的学习过程与其他学习者协作互动的过程；具有情境性，知识是客观存在于具体、可感知的活动中的，只有和实际情境相联系才能被理解。

14

　　建构主义教学观认为，由于知识的动态性和学习者自主的建构过程，教学要为学生创造一个建构知识的学习环境，突出学生的学习主体地位。教师要创设问题情境，激活学生的求知欲，使学生在学习问题中解决问题，促进其知识经验的增长，引导学生解决问题。在师生互动、主体参与的过程中，学生应将合作学习作为构建知识的重要方式。

　　支架式教学法是一种基于建构主义学习理论，强调学生在英语阅读中的主体地位的教学方法。教师为学生搭建多种学习支架，以激发学生原有的知识经验，促进其知识经验的增长。同时为学生提供大量丰富的信息资源，鼓励学生对文本进行分析、推理、质疑，有助于培养学生的批判性思维，使其成为积极主动的阅读者与意义建构者。

（二）最近发展区理论

　　苏联教育家和心理学家维果茨基以建构主义理论为基础，提出了最近发展区理论。他将"最近发展区"定义为："学生独立自主解决问题的切实发展水平与通过成人帮助下解决问题或与更有能力的同学合作解决问题的潜在发展水平之间的距离"。将面临的问题和解决的过程结合起来。最近发展区中学生的实际发展水平就是学生现有的语言能力，是学生以前学习的结果；而潜在发展水平指的是通过未来的学习可以达到的状态。最近发展区受多种因素影响，和学生的身体健康情况、学习兴趣爱好、家庭文化氛围、所处社会环境有一定关系。因此，学生实时和动态的发展状态在最近发展区中都有所体现。确定学生的最近发展区有利于支架理论的应用。维果茨基认为应该在教学前至少确认学生的两种发展水平：一种是学生的实际发展水平，它是某些已完成的发展系统和心理功能作用的结果。另一种是在更有能力的人的指导下提高解决问题的能力。知识过于简单，学生很容易能够解答问题，在学习过程中容易出现"吃不饱"的情况，可能产生骄傲自满的情绪；知识过于复杂，学生容易出现"消化不了"的情况，可能使学生失去学习信心，学习体验感不强。这两者都不能使学生达到最近发展区的最佳距离。根据"最近发展区"的概念，维果茨基又提出了"教学的主导作用"的命题。他认为好的教学是有前瞻性的，能够引导教学的发展。学生目前的发展是不成熟的，要引导学生走向成熟。该理论的意义在于教育应走在学生发展的前面，学生的智力存在差异，但教学有可能改变学生的最近发展区，促进学生各方面的不断完善。将支架理论应用于阅读教学中时，需参考学生发展的最新动态，确定搭建和撤离支架的时机，调整支架的类型。由测量特点所决定，学生可能在某些特殊方面具有更大的潜能，因此准确确定学生的最近发展区至关重要。只有确定了教学的起点水平、教学的重点水平和难点水平，充分考虑学生学习的成就感、心理承受能力，主观能动性等，才能使其在学习英语过程中达到最佳学习效率。

（三）输入假说理论

美国语言学家克拉申在20世纪80年代初提出了"语言输入假说"。这给外语教学提供了新思路，也为学习者和教学者在学习和教学第二语言方面提供了新的研究视角。克拉申二语习得理论包括五个假说，分别为习得-学得假说、监察假说、自然顺序假说、输入假说和情感过滤假说。克拉申认为，习得第二语言的关键是提供大量"可理解性输入"，即向学习者提供比目前知识学习水平稍高的语料。第二语言学习者在获得语言技能的同时必然要获得语言意识和语言态度，这样才能够取得良好的习得效果。克拉申认为，理解信息或接受可理解性输入是学习人类语言的唯一方法。也就是说，学习者应该关注意义而不是形式。如果学习者把注意力集中在意义上，就会产生习得。相反，学习者关注形式，习得就不会产生。第二语言习得与儿童学习母语的方式非常相似。儿童通过简化地习得母语，并且是无意识简化。成人必须使用简化的语言才能与儿童成功沟通，但这种简化只是为了与儿童成功沟通，而不是为了有目的的教学。因此，克拉申提出的习得过程模式是一种以人本主义心理学、心理语言学和社会文化学等多种学科理论为基础的教学方法。按照"此时此地"的原则，在真实的环境中进行语言交际是必要的。语言是一个复杂系统，需要学生根据习得规律，按照一定的顺序，循序渐进地学习语言。克拉申认为，向学习者提供充足数量和不同形式的语言输入，是成功学习一门语言的先决条件。关于输入假说，克拉申提出了"i+1"的公式。"i"代表学习者当前所处的学习水平，"1"代表较高于学习者当前水平的语言材料。他认为语言习得的基础是提供足够多的可理解的输入量，想要达到理想的输入需要满足以下几个条件。

（1）可理解性输入。学习者接收到了能够理解的语言才有可能进行下一步的语言学习，在教学过程中要遵循语言学习规律，即从较低级的语言水平过渡到较高级的语言水平。在我们的外语教学中，学生大多数接受可理解性输入的机会都是在英语课堂中。因此在教学中，教师可参考学生的整体水平，根据相关阅读题材和内容，尽可能提供筛选过的、可理解的、贴近日常生活的自然语言。

（2）趣味性和相关性，教师通过各种手段在分析学生需求的基础上创设信息差，才能有效激发学生的求知欲，从而激发学生的挑战欲，学生尚未了解的知识可以充分调动其积极性。

（3）非语法程序安排，即在语言的输入过程中不需要过于强调语法大纲的要求，应注意输入的粗细结合，以促进输入的有效性。

（4）提供充足的输入材料。在教学中教师要为学生提供大量的输入材料及练习，渗透不同学科和领域的知识，以培养学生的综合学科意识，开阔其视野。

三、英语阅读教学国内外相关研究

（一）国外研究现状

阅读教学结合了在社会背景下使用的语言的关注，以及对在特定的沟通交流中如何构建和协商意义的积极反思。这意味着教师必须为学生提供一个适当的阅读环境，而学生应该通过自己阅读文本来构建意义。阅读是一种高级神经系统的心理活动，是一种主动思考、理解和接受信息的过程，而不是一种被动的认知活动。因此，激发学生的主动性是必要的，这就要求教师要为学生营造一个良好的课堂氛围。

在阅读教学中有三种基本的教学模式，即自下而上模式、自上而下模式和交互作用模式。美国心理学家 Gough 提出了自下而上的模式，即读者的阅读过程是通过词汇、句子和段落，从底层到高层的加工和理解过程。在这一理论中，阅读被看作是对语言符号做出反应的过程，可以帮助学生解决语言上的难点。但由于 Gough 的研究只观察了读者逐词逐句的阅读过程，而忽略了读者的内部思想和已有知识，也忽略了阅读速度和阅读意义，因此某些阅读心理学家不认同此模式。20世纪80年代，针对这种方法的缺陷，Goodman 提出了相反的模式，即自上而下的模式。他认为阅读是 "心理语言学的猜测游戏"，学生不一定需要辨认每个字母和单词，可以根据自己学到的知识或教师的提示来猜测意思，对段落进行预测。该模式让学生利用头脑中已有的语言知识或非语言知识，在本来没有意义的读物上去自己建构意义。快速阅读整段文章，可以提高学生快速获取文本信息的能力。但是对于学习基础差的学生来说，这种方法很难实施。由于忽略了对语言点的解释，过分强调推测有可能产生主观臆断的现象。结合两种模式的优点，Rumelhart 提出了交互作用模式。他提出给学生提供充足的机会使其思维和语言发生交互，在阅读后进行思考，用自己的语言表达出来。当读者开始阅读时，他们可以利用背景知识和语言基础知识进行解码和推测，加速阅读理解过程，结合所学的知识来构建新的知识。交互式阅读重视学生批判性思维的培养，向教育的最终目的——培养会思考的人不断靠近。

（二）国内研究现状

从20世纪50年代到80年代，在中国的外语学术杂志上发表的关于外语阅读教育研究的文章不多，其中大部分研究集中在阅读教学、阅读材料和阅读方法上。20世纪90年代以来，阅读研究出现了一些变化，越来越多的关于阅读教学方法的论文得到了实验支持。国内对英语阅读的研究逐渐增多，如张维友、李平以图示理论指导阅读教学，宋静生以语篇理论指导阅读教学，系统功能理论及信息理论也被用来指导阅读教学。随着心理学和阅读理论的更新与发展，国内关于阅读教学的研究拓展到多个领域，研究内容逐渐细化，包括阅读教学研究方法、阅读教学策略、阅读教学中存在的问题等。

在阅读教学研究方法方面，黎宏依据阅读模式理论，分析和探讨了大学英语阅读教学的现状，他提出，在阅读教学中，要利用相关背景知识，培养学习者的自主学习能力和语篇理解能力。刘伟、郭海云认为有思想、有创造力的表现是具有批判性思维，进行批判性阅读教学可以有效提高学习者的阅读能力。张怀斌、海春花认为，要对教学模式进行创新变革，他们对学生参与交互性阅读课堂情况进行调查，发现学生接受并且喜爱这种课堂活动。佟敏强认为，阅读教学作为外语教学的重要组成部分，通过有效的阅读教学，可以提高学生的听、写能力，使学生在学习、工作和交流中有效地使用外语。林远辉认为，要重视阅读导入，阅读前可使用图像提问、故事、复习、音视频导入等方式，激发学生的阅读动机。阅读中的问题设计应注意难度的梯度性和覆盖面，尽可能全方面解读文本。袁笑以重庆市某学校两位英语教师的阅读课堂教学为样本，提出阅读教学要遵循教学资源整合性、课程设计系统性、面向全体学生等教学原则。

在阅读策略研究方面，邹启明、周瑞琪认为要注重文章理解过程的启发性和示范性。阅读教学不仅要教会学生语言知识、完成理解，还需要帮助学生根据不同的阅读目的选择宏观策略或微观策略。胡郑辉试图探索阅读速度与阅读理解的关系，以实验数据证明了积累词汇与背景知识对阅读的促进作用。崔敏峰分析了当前高中英语教学现状后指出，教师要在学生有能力完成细节理解题后，鼓励学生展开想象，进行发散性思维，从文章的表层阅读过渡到深层次阅读。葛炳芳认为在考试导向下，高中英语教学过于模式化、流程化，应注意阅读的选材、文本的解读、教学目标的设定以及教学反思。王芳认为要明确阅读策略教学目标，应该在阅读教学中加强阅读策略训练，而不是将阅读策略当成陈述性知识教授。在阅读教学存在的问题上，李兴勇认为阅读后活动设计忽略了学生思维能力的培养，并没有将读后活动真正落实。部分活动设计未能有效结合阅读教学、口语训练和写作训练。徐群力认为阅读教学中缺乏对文本情感的解读，不利于情感目标与知识目标的统一。李恺、李川认为，初中英语阅读教学对文章局限于表层理解，缺乏批判思维训练，有的阅读课堂发散性思维过多，未能突出主线，偏离了阅读教学目标，使语言输出与语言输入不一致。

第二节　中小学英语文学阅读教学研究现状

河南省新密市教师进修学校的魏慧在《中小学英语也要重视文学阅读》中提出，开发和建设英语文学阅读课程，必须重点解决以下问题：开发阅读文本资源、构建适合文学阅读的指导模式、改善英语教师的知识结构和专业角色。

北京外国语大学中国外语与教育研究中心、教育学院副教授徐浩在《经典文学作品与中小学英语教学和教材——意义诠释与教学改编》中说到，经典文学作品的教学改编，重点是"教学"，首先要能够识别、解读作品中可供学生学习的内容和思想。这样就能更好地抓住文学作品教学的主线。然后再看语言，哪些是理解层面上要学的，哪些是产出层面上要学的。同时，老师自身需要对作品有一个既客观又主观的理解和把握，既充分了解公众对这个作品的一般性解读和普遍性评价，又要有自己的独特认识和见解。更为关键的，即要仔细思考这个作品的内涵对于处于特定年龄段的中小学生有什么特殊意义。解读之后，还要通过有效的活动设计与实施来实现相应的教学目标，即内容和语言两个层面的协同提升。

福建师范大学外国语学院的黄远振、兰春寿和深圳中学的黄睿在《英语文学体验阅读READ教学模式建构研究》中提出，READ模式由Reading（阅读）、Exploring（探究）、Assessing（评价）和Developing（发展）四个要素构成。其中，阅读包含朗读、默读、研读三种读的形态，探究包括思索、分享、讨论三种活动形式，评价采用自评、他评、互评三种评估方式。从教的角度看，READ模式可分解成"导读—共读""互动—产出""引导—推动"和"反思—超越"四个教学模块。

福建船政交通职业学院的鲍冬娇和福建师范大学协和学院的吴靓在《英

语文学阅读思维发展教学实践》中提出，英语课堂的文学阅读教学，要注重梳理故事脉络，训练学生的逻辑性思维；要解决文本问题，训练学生的批判性思维；要表达阅读感受，训练学生的创造性思维。

山东省淄博市张店区齐盛学校的姜超和杨颖在《基于初中英语教学提升学生的文学阅读素养》中提出，目前初中英语教学中存在的缺陷有：侧重阅读技能培养、教师讲课方式单一、学生阅读意识薄弱。初中英语教学中提升学生文学阅读素养的方法有：创设阅读情境，激发学生的自主阅读兴趣；梳理文章架构，提高学生的阅读理解能力；引入课堂互动，加深学生的口语表达水平。

北京市第一零一中学的吴红枚在《英语文学作品阅读教学中的美育策略与方法》中以奥斯卡·王尔德的经典童话故事 *The Happy Prince* 的教学为例，探究了英语文学阅读教学中对学生实施美育的有效策略及实施方法，包括"赏析文学语言，体会作品的'音乐美和画面美'""分析人物形象，赏析作品的人物美""探究主题意义，感悟作品的价值美""聚焦故事情节，体会作品的悲剧美"以及"开展读后迁移创新类活动，实施跨学科美育"等。

北京大学附属中学的李琳琳、胡湘华在《英文原著阅读教学模式探究——以 Outliers：The Story of Success 为例》中提出，以 Outliers：The Story of Success 为例，对非虚构性议论文体裁文本的课程实施进行微观探讨。设课方式：分层设课、翻转课堂。选材依据：经典原篇、四维考量：词汇难度、句式复杂程度、文本体裁和文本题材。课程实施：①教材编注：单词分类，扫清障碍；②导读支架：循序渐进，梳理框架；③课堂形式：文本细读，突出亮点；④效果反馈：篇章结构、文章内容、阅读兴趣。

苏州工业园区教师发展中心的许颖在《基于英语学习活动观的初中英语文学阅读教学设计》中，以上海外语教育出版社出版的"黑布林英语阅读"系列丛书初二年级 *The Surprise*（《令人惊喜的礼物》）一册的教学为例进行教学设计。学习理解类活动设计思路：宏观把握文学作品内容。①感知文学作品封面，预测小说主要内容；②梳理故事主要情节，宏观把握整体结构；③整合故事关键信息，厘清文本逻辑关系。应用实践类活动设计路径：深入文学作品内容。①阐释描写高潮内容，体会写作特点；②分析主要人物变化，了解小说主题；③内化语言知识，提升语言能力。迁移创新类活动设计理念：超越文学作品内容。①评价文学作品，促进深度学习；②开展读后创作，提高迁移能力。

宁波市效实中学的何小庆在《英语文学阅读中的教师引领——例谈系列丛书的读前指导与读后分享》中提到，教师在引导学生课外阅读英语文学作品时，应找准课外阅读的课内支撑点，并采用如下几种教学策略：以"文学要素"为"文体支架"，铺设思维的底层框架；以"思维导图"为"图表支架"，使思维可视化；与文本发生"多重对话"，培养学生的审辩性思维。

第三节 国内外英语阅读教学中的文学阅读教学研究

一、引言

近年来，国内外语专家呼吁开展英语文学阅读，培养学生的思维能力。黄源深指出，文学语言通常是最优美的语言，学习任何一种语言，一般是从文学作品入手的；只要坚持阅读小说，就会养成阅读习惯；外语学习也不例外，读过相当数量文学作品的人，其语言使用能力跟没有读或很少读的人是不一样。文秋芳、周燕主张以文学阅读促进写作和思维能力发展，通过扩大语言输入量、增加语言和语境的体验来培养外语语感，提高语言运用能力。王初明认为读英文小说对英语学习者的帮助很大，读英文长篇小说对其帮助更大；一部长篇小说会反复出现某些词语和句型，作品越长，其复现率就越高，不仅为英语学习者提供了促进其英语学习必不可少的丰富情境语境，而且还为其加速掌握外语语言结构提供了高效平台。程朝翔建议中国孩子多读英文版莎士比亚的著作，他认为语言是一种文化、一种教养，阅读原汁原味或简写版文学读本对学习者大有裨益，熟悉一些英文作品能够提高作为一个"世界公民"的修养。从以上观点可以看出，在英语教育中无论是培养阅读习惯、增强语感和思维能力，还是提高人文素养，文学阅读都是有效途径。因此，本书对国内外英语阅读教学中的文学阅读教学展开分析，从理论与量化层面对英语文学阅读益处展开讨论，同时，分析总结国内英语文学阅读面临的挑战。

二、英语文学阅读益处

（一）理论层面

英语文学阅读益处首先是提升学生的认知能力。英语文学阅读是促进语言理解和思维品质发展的过程。最初，人们认为阅读是基于语言理解和作者意图重构，被动解码文本的过程。1970年后，阅读被视为学习者主动获得知识、思想或技能的过程。在此过程中，学习者借助已有的语言知识、文化知识和认知策略进行文本意义的解构，主动获得认知的提升。有学者为阐述英语文学阅读对认知能力的积极影响，将"文学作品"比喻为"镜子""窗户"和"大门"，即学习者能基于阅读理解，通过"镜子"认知自我，透过"窗户"看见和理解他人，继而走出"大门"，迈过障碍，彼此交融和照亮。认知能力和文学阅读之间的关系是双向互促的，学习者在阅读中有效运用元认知等思维技能，阅读成果将更丰富。二是提升学生的语言能力。英语文学阅读被广泛认为是提升英语语言能力的有效方式之一。学习者通过阅读英语文学作品，能在真实语境中触及原生态语料、增强语言理解能力、积累语言知识、提升整体运用能力。通过参与英语文学阅读相关的教学活动，学习者能从听、说、读、写等多个角度提升语言能力。比如，阅读能帮助学习者同步提升听、读和说的能力；大声朗读和口头问答能有效训练学习者的听、说技能；读写结合能帮助学习者理解、分析和模仿语料，提升英文写作水平；合作学习能为学习者提供真实的交际情境，强化其英语口语表达和跨文化沟通能力。三是培育学生的文化与价值观。英语文学阅读能对学习者原有的文化与价值观进行隐性渗透，使其对生命意义、道德情感、人与自然的关系等文化与价值观进行深度领悟，继而生成相应的行为活动。此外，有些学者以文化价值观等级量表为研究工具，以不同文化背景的人群为研究对象，发现不同人群对同一价值观的重要性排序有巨大差异。文学阅读是协调和解决此类差异的手段之一。阿尔及利亚学者曾呼吁把文学阅读课程作为提升公民素质和维护社会稳定的工具，以此帮助当地民众获得冲突协商、意义协商和结构化批判等公民技能。

（二）量化层面

以中学生和英语教育学者为主要研究对象，研究设计呈多样性。比如，开展行动研究，对比前后数据，直接证明英语文学阅读的有效性；探究研究对象的学习习惯和兴趣，证明语言提升与英语文学阅读间的良性循环，推断英语文学阅读的益处；实施案例，直接论证某种英语文学阅读模式的有效性。Alsammari分析前后数据发现，即便学习者面临阅读挑战，其英语水平在持续文学阅读后也会获得明显提升。此外，有研究证实学习者对英语文学阅读的兴趣与文学课程的接触频率呈正相关。国内学者探究当代21位英语教育名家的语言学习方法后，得出与其一致的结论。泰国学者基于"英语能力是泰国工程人才在亚洲市场竞争中的唯一短板"这一背景，以实证研究验证了在专业课堂中融合"文学圈"活动对提升口语交际能力的有效性。

三、英语文学阅读的阻碍

（一）文化障碍

文学作品的价值观点与学习者原有的文化和价值观产生冲突，会令人无所适从，产生抗拒心理。有学者以20名沙特阿拉伯大学生为研究对象，发现文化障碍是他们抗拒文学阅读的五大原因之一。文化障碍不仅能引发阅读抗拒，而且会阻碍文化交融。心理抗拒和文化独立在某种程度上甚至会妨碍文学成为大众认可的学科。

（二）阅读意愿

考试范围和学习动机是影响学习者阅读意愿的两大因素。在中国台湾地区，英语文学脱离了语言学习中心和传统考试范围，导致中学生对英语语言发展外的功能置之不理，外部环境和个人态度共同降低了中国台湾地区学习者的阅读意愿。在沙特阿拉伯，学习者侧重记忆强化，忽视思维和文化发展，其内在阅读欲望随考试驱动型学习行为频率的提高而降低。以分级读物辅助英语文学阅读教学，是被广泛运用的策略之一，它能从语言角度降低阅读难度和缓解心理抗拒。有效策略还包括开展"文学圈"等阅读教学模式，它能从教学实施和学习者互动角度激发学习动机。但以上策略均从外部因素入手，其持续激发学习者内部动机的效果有待进一步探究。

（三）语言障碍

马来西亚和土耳其学者一致认为，学习者的低语言水平是阻碍文学阅读教学的原因之一。在诸多英语文学阅读的干扰项中，语言障碍为最主要的因素。有研究表明，在学习者真正接触外国文学文本之前，有超过70%的人因文本长度而感到沮丧。为解决这一问题，各国出版了基于不同语言水平和标准的分级读物，如美国的蓝思分级阅读体系、英国的牛津树系列和中国的丽声英语系列。但分级阅读有两个问题尚不明确，即如何从文学角度测评学习者的文学语言水平，如何匹配学习者的文化背景、程度与文本文化内容的难度。

第四节　教育行动研究及在外语教学研究中的应用

一、教育行动研究及其特点

近年来，随着教育教学的深入改革，对教师职业素养要求越来越高，教师在教学过程中的行动也得到了越来越多的关注与重视，并逐步成为英语教学研究的热点之一。教育行动研究是指教育参与者为提高对所从事的社会或教育实践的理性认识，为加深对实践活动及其依赖背景的理解所进行的反思研究。简单来说，教育行动研究顾名思义指的是教师在教学过程中的行动、活动、行为、情节等。教师在课堂中的工作就是由一个个教育行动所构成的。这类行动从动机上可分为两类：有意识与目的明确和无意识与随机偶然。"行动研究"从有意识维度来看，需要教师基于课堂中出现的问题制定详细的教学行动方案与计划，并在实施过程中不断进行反思与调整，按照PDCA（plan、do、check、act）循环法不断改进与优化教学方法，不断提升教学水平与方法。行动研究法起源于20世纪40年代美国的社会问题研究，20世纪50年代开始应用于教育研究领域，20世纪80年代初被介绍到我国，现已逐步成为我国广大中小学教师从事教育研究的主要方法之一。教育行动研究有如下特点：

（1）为行动而研究。

教育行动研究对象是教师的日常教育教学行为，核心目的是解决教育中所遇到的实际问题，因此，教育行动研究是基于目的出发为问题寻找好的解决办法，而不是解决专业研究人员的理论问题。它必须主动接纳与吸收各种有利于解决问题、提高教学质量的各种知识、技术与理论。这个特点决定了它不仅是一种特定的研究方法，更是一种解决具体问题的新思维，是开放性的研究。

（2）在行动中研究。

教育行动研究必须来自实践，是不断解决实践过程中出现新问题的研究，研究与行动相互依存，教育教学工作依托研究，研究工作为了提升教育教学，两者相互验证，真正把教育教学工作变成充满激情的创造性探索活动。这一点充分体现了行动研究来源于实践、服务于实践的务实品质，从实践中来，到实践中去。

（3）由行动者研究。

教育行动研究是一种实践研究，因此研究主体必定是一线的教研人员，他们身处一线了解自身所处的环境及现状，了解研究与教育教学的真实情况，只有调查研究才有发言权，一线教研工作有着重要的参与权与发言权。然而，在以往的教研教学研究中，一线教研工作者一直处于辅助地位，执行专家的研究方案，鲜有机会从事研究工作，这样就不可避免地造成理论与实践相脱离，使一线教研者的独立研究机会被忽视与工作积极性补压抑，教研工作者对于教学内容、方法不能直接、简单的执行。教师既是教育行动的主体，也是教育行动的研究主体，应当充分发挥其主观能动性，教育行动研究必须是行动者的研究。随着教育行动研究在我国中小学教育科研领域中日益广泛的应用，越来越多的教师把开展教育行动研究作为自己从事教学研究和专业成长的主要途径，教育行动研究也在解决教育实际问题、提高教学质量和增加教师实践智慧方面发挥着越来越显著的作用。

二、教育行动研究在英语教育中的应用

教育行动研究的前提是要在实践中发现问题，归纳、研究与解决问题。另外教育行动研究需要全策全力进行研究，同时要确保方法的灵活性，以解决问题为需求充分吸收与接纳各种方式方法，集思广益，思维无定式，确保充分的弹性。最后，在过程中不断检验结果，使行动日趋完善。基于此，根据需求，人们从不同方面对教育行动研究进行诸多探讨，归纳起来主要是以下四点：技术性行动研究、实践性行动研究、实验性行动研究、独立性行动研究。教育行动研究被我国学者与教研工作者广为接纳以后，在英语教育中也得到了长足发展，对英语教学中听力、口译、读写、写作等方面均有不同程度的提升与增强。具体内容如下：

广东科技大学的陈卫红通过教学研相结合的方式，提升了英语教学的效率。通过对大学听力教学进行场景分析，特别是教学行动研究切入场景，对大学英语教育现状进行深化分析，力求重点解决学生自制力不足导致的学习效率下降、学生独处过程中如何进行听力学习问题。通过分析，得到了教育行动研究下听力教学的几点优化策略，分别如下：在行动研究下，听力教学的策略是多维度的，在具体实际运用中，需根据不同学生及知识的侧重点，可为学生设身处地模拟不同场景下遇到的情况，给出对应策略。这里需要教师在使用新手

段时，根据不同学生的不同反应做出针对性调整。

莤田学院的程永伟具体研究了教育行动研究对提升英语表达的作用。针对口译学生语言输入不足、口语表达练习有所欠缺、缺少变通技巧、缺少逻辑组块能力等问题，通过制定加强语言输入（其一是帮助学生建立阅读习惯，其二是培养学生收听英语广播的习惯），加强学生口语表达（分别为课前十分钟看图说话、新闻播报、模拟记者招待会等方式），进行口译变通技巧的训练（词汇方面通过替代方式进行解决、句子层面训练一句多译），篇章层面主要训练背景知识，最后再进行模块组织训练。通过观察，两轮行动研究取得了如下成效：第一，学生课堂口语表达的积极性明显提高；第二，学生口语表达更加通顺；第三，学生口译信心大为增强，其英语表达能力和听力均得到提升；第四，学生知识面进一步扩大。由此可见，教育行动研究对口译教育益处颇多。

西安翻译学院的赵玲研究了教育行动对教育过程中读写能力的提升。通过从多模态话语分析视角，多元读写能力作为学生阅读素养及批判性思维的重要因素，它既包含传统意义上的语言读写能力，却又不仅仅局限于此。它涉及各类信息的汇集，如语言、图像、声音、颜色、动作等多模态接收系统更有效地进行交际。通过在线访谈、问卷调查等方式，进行教学反思、评价效果，对英语阅读教学的设计、过程、效果等方面展开行动研究。基于多元读写理论，通过行动研究的方法，探讨"以学生为中心"的教学该如何完成目标，明确学习方法和过程，合理组织内容，设计可操作的考核评价，通过多元读写教学法搭建课程框架、发布学习任务、进行学习评价，形成较为完整的"课程环"。在多元能力培养教学模式选择中，通过多元读写教学法中的四个要素：实景实践、明确指导、批评框定、转化实践进行教学案例设计、实施和反思，促进学生深度知识体系的构建。

三、英语教学中的翻转课堂

伴随着新一轮课改的全面展开，对初中英语教学提出了一系列新要求、新挑战。随着改革的不断深入，初中英语教学在取得一些显著成就的同时，也暴露出了诸多问题，如学生自主学习能力薄弱、合作探究能力欠缺等。英语作为一门语言性学科，具有与其他传统学科不同的特点。正是因为英语的这些学科特点，为其在初中英语开展翻转课堂提供了可行性。初中英语学科有以下几个特点：①新异性。英语是一种语言教育，与我们所熟悉的汉语有很大的差异，而它们所负载的文化之间的差异更大，这就使英语具有很大的新异性。②应用性。语言本身就具有很强的应用性，随着全球化的加深，国际交流的日渐频繁，英语的应用也日益广泛。③人文性。学习英语可以帮助我们在学习语言知识的同时扩大知识面，把握时代脉搏，提升自身文化素养。英语既是一门记忆与实践紧密结合的语言学科，又是一门包罗万象、涉猎广泛的知识学科，同时还是一门集人生哲理与人类成长经验于一体的人文学科。④情景性。语言学习具有很强的情景性，情景教学是英语课堂教学中的重要手段。翻转课堂的教学理念符合英语的学科特点：第一"新异性"。翻转课堂的课前是学生的自主学习阶段，对于学生的自主学习而言，学习动机很重要，而英语学科的"新异性"则为学生的自主学习提供了学习动机。第二"应用性"。翻转课堂打破了传统教学"照本宣科"的特点，具有一定的"实践性"，正好吻合英语学科的"应用性"。第三"人文性"。教师在准备翻转课堂课前学习材料的时候，可以根据实际需要，利用现在丰富的网络资源，给学生准备一些颇具"人文性"的材料，以提高学生的人文素养。第四"情景性"。翻转课堂强调同学之间的交流互动。教师在准备课前学习材料（主要是微视频）的时候，可以根据实际情况，准备一些情景性较强的段子。在课堂交流的时候，让学生们"情景再现"，既有利于交流的开展，又能激发学生的情感。开展翻转课堂教学符合英语教学改革的新思路及新课改对初中英语教学的新要求。

现今英语教学改革中存在的问题表明传统英语教学的授课模式已无法满足时代的需求，迫切需要探索一种适合新时代、新课改形势下的新教学模式。翻转课堂作为一种新的课堂教学模式和组织形式，作为教育行动研究的有效策略，为教育改革提供了新的思路和灵感。

林才英通过翻阅大量文献，以钦州市某中学初一某班为对象开展教学实践研究，研究遵循教育行动研究的基本步骤，辅以课堂观察、访谈、问卷调查等研究方法，通过三轮行动不断完善翻转课堂教学流程结构和课前学习材料的设计与开发，探讨翻转课堂的实施策略。经过对准备阶段、课前学习阶段、课前互动阶段、课堂学习和巩固阶段的反复推敲和实践尝试，提出了初中英语翻转课堂的教学流程结构；初步探讨了翻转课堂教学策略，包括学习材料制作策略、群平台使用策略、教学活动组织策略；发现翻转课堂实施过程中应注意的一些问题，如教师专业能力转向、课前学习时间的合理安排等。

翻转课堂在初中英语教学中的应用，能够有效地解决初中英语教学中存在的问题。通过教师制作课前自主学习材料（微视频、导学案等），可以把内容较多、复杂的英语课程以简单的方式呈现给学生；翻转课堂在课堂上完成知识内化，教师在课前提前了解不同层次学生的困难，课堂上有更充裕的时间与学生沟通；翻转课堂教学中家长的角色发生了变化，家长可以参与到学生的课前预习过程中，督促学生完成课前预习；翻转课堂教学下要求学生课下完成知识的吸收，这个过程培养了学生的自主学习能力，然后课堂上通过小组讨论，展示自己学到的知识，提高学生的合作精神。在初中英语教学改革中实施翻转课堂教学有利于适应新课改提出的新要求，有利于解决初中英语教学中存在的问题。

第三章

初中英语文学体验阅读教学第一轮行动研究：尝试和探索

本研究属于教育实践研究，主要涉及初中英语文学体验阅读是如何操作的。进而产生经验概括，或者进一步将经验概括提炼为理论归纳。本研究的研究方法是行动研究方法，随着研究的推进，行动的过程循环往复、螺旋上升。我们通过三轮行动研究，不断推进我们的研究过程：第一轮行动研究是尝试和探索阶段，第二轮是调整和改进阶段，第三轮是提升和应用阶段。为了展示具体的实践，每一轮行动研究都选择典型案例来具体说明该轮研究的操作，这三轮行动研究是本研究的重点。

第一节　问题和分析

一、问卷调查与分析

长沙市作为湖南省的省会城市，对于英语学习的要求较其他地区会更高。长沙市的小学生中有许多在年龄很小的时候就开始接触英语学习，英语启蒙早，从学生、家长到学校都十分重视英语学习。而长沙县作为长沙市的管辖县，其在英语教与学上与长沙市有很大差异，长沙县的学生英语学习成绩和效果普遍不如长沙市区学生。

　　松雅湖中学是长沙县本地一所比较有代表性的公立初级中学，该中学的学生都来自本地的公立小学，而长沙县公立小学的学生绝大部分都是从三年级才开始接触英语。进入初中后，学生的英语学习几乎从零基础开始，给教师带来了很大的挑战。松雅湖中学英语组的教师大部分都是中青年教师，而在这一群教师中，有一个引领教师进行阅读教学探索的高级教师——黄英老师，他是长沙县黄英初中英语名师工作室的首席名师。基于该校的学生情况以及英语教学实际，黄老师提出在完成人民教育出版社的初中英语统编教材的基础上，尝试补充文学阅读教学。

　　首先，我们针对文学体验阅读这一主题，在初二全年级学生中做了一次问卷调查，了解了学生对于文学体验阅读的了解和接触情况。

英语文学体验阅读现状调查

1.进入初中以来，你阅读过几本英语文学作品？（　　　　）

　　A.基本没有读过

　　B.读过1～2本

　　C.经常阅读英语文学作品，读过3本及以上

2.对于阅读，你平时的体验有多深？（　　　　）

　　A.精读、细读、深度阅读，深入作品内部，并能理解文章所传达的思想内涵

　　B.泛读、粗读、浅度阅读，能抓住作品的基本结构

　　C.走马观花，囫囵吞枣式阅读

3.你对自己现有的阅读水平满意吗？（　　　　）

　　A.满意

　　B.一般

　　C.不满意

4.你喜欢阅读哪种类型的英语文学作品？（　　　　）

　　A.经典文学

　　B.童话故事

C. 其他

5. 你一般什么时候阅读英语文学作品或进行其他课外英语阅读？（　　）

　　A. 完成作业后根据实际情况安排自主阅读

　　B. 教师布置就读

　　C. 每天都读

　　D. 基本没有课外英语阅读

6. 你阅读英语文学作品时会（　　）

　　A. 记录好词好句

　　B. 写读后感

　　C. 与同学交流阅读体会

　　D. 以上都基本没有

7. 你在阅读英语文学作品的过程中已经遇到或者可能遇到的困难有（　　）

　　A. 生词多，句子难，读不懂

　　B. 作业多，没时间读

　　C. 找不到喜欢读的书

　　D. 没有人指导阅读和交流

8. 你最希望教师组织什么样的教学活动来指导英语文学作品阅读？（　　）

　　A. 设计相应的阅读题目辅助阅读，检验阅读效果

　　B. 做读书笔记，摘录佳句

　　C. 组织读书会，同学之间分享交流阅读体验

　　D. 课堂上围绕英语文学作品阅读组织讨论、辩论等活动

　　E. 创编英文故事

　　F. 写读后感，做阅读报告

9. 你最希望通过阅读英语文学作品取得哪方面的进步？（　　）

　　A. 积累更多的英语词汇，扩大词汇量

　　B. 训练阅读策略，提高英语阅读能力

　　C. 多了解英语国家文化

D. 提高英语成绩

E. 培养良好的阅读习惯

F. 对英语阅读越来越感兴趣

10. 对于英语文学体验阅读，你想说：

_____

_____

_____

通过问卷调查，我们了解到初中生对课本以外的英语文学阅读接触非常少，大部分学生几乎没有文学阅读经历。学生们普遍认为英语文学阅读将有利于英语各方面能力的发展，他们普遍希望教师能够通过日常的教学活动指导自己进行课外阅读，并且他们都期待能够进行英语文学体验阅读。

二、第一轮行动研究的问题

开展文学体验阅读首先给我们带来的思考是阅读文本的选择，我们究竟该如何选材呢？我们所选的文本是否符合学生的学习能力和水平？学生对所选的材料感兴趣吗？对于英语文学阅读文本的选择，我们不可能随便去挑选几本文学名著来作为阅读教学材料的，因为教学内容始终是教育教学的核心，所以阅读文本的选择比怎么教学更加重要。英语文学阅读对于我们来说也是一个全新的教学领域，我们在开展体验阅读之前，要为教师和学生，甚至家长做些什么准备工作呢？此次行动研究的关键问题之一是如何利用英语文学作品开展阅读教学，所以开展文学体验阅读有哪些有效的教学模式呢？基于以上思考，第一轮行动研究预想探讨的问题有：

（1）初中英语文学体验阅读的文本如何选择？

（2）开展文学体验阅读要做哪些准备工作？

（3）文学体验阅读有哪些课型和教学模式？

第二节　制订和实施行动计划

松雅湖中学每周有6节（每节课40分钟）英语课，还有两个英语早自习（每个早自习30分钟）。学校和教研组非常重视文学体验阅读课程，我们召开了专门的会议，整个组的英语教师都参与了探讨。针对即将开展的行动，我们查阅了许多资料，先在教师团队中进行了学习。同时，学校邀请了专家对我们整个教研团队进行了培训。

一、初中英语文学体验阅读的文本选择

要利用文学作品来进行文学体验阅读，先要从浩瀚的英语文学世界中选择适合初中生阅读的文本，在选择这些文本时需要考虑哪些因素呢？

（一）文学作品的主题要满足学生的心理需求

文学体验阅读本来就是愉悦身心，放松心灵的一种方式。在文学阅读中学习英语能够舒缓学习压力、恢复学习本来应有的快乐（黄远振）。体验阅读就是让学生以"当事人"的角色感知文学作品的内容情节等相关知识。所以如若作品的主题就是现阶段读者的心理需求，学生的参与程度、参与效率都将提高。

对于刚进入初中的初一学生，我们选择了视频为主、文字简单的《粉红猪小妹》，让学生在上课前进行观看，这是一套每集大约3～4分钟的动画短片，这套视频是网上公认的对于孩子英语启蒙非常好的素材。最开始学生观看的兴趣很高，但这些短视频毕竟是为儿童时期的孩子英语启蒙而制作的，内容过于简单、幼稚，无法满足初中生的心理发展需求，慢慢地学生们就更加关注视频画面带来的笑点而很少把注意力放在语言上。

（二）文学作品内容具有连贯性

目前，初中阶段采用的教材以每个单元一个主题的方式，采用多种不同的独立材料作为学习资源，书本内在的架构相对独立，文段的选择也是单个独立存在，没有连续性。而文学体验阅读是选取文学原著作为阅读材料，每一章节之间联系紧密，人物、情节、思想一个一个铺展开来，让学生产生了阅读兴趣，想要继续读下去，想要了解接下来会发生什么，这就是文学作品的魅力所在。

以《夏洛的网》为例，故事从早餐前爸爸准备杀一头蹩脚猪开始，一直到蜘蛛夏洛是如何用自己的智慧和本领救了威尔伯的。故事情节十分紧凑连贯，读者能够跟随故事的发展产生不同的期待和情感。

（三）文学作品的选择必须考虑学生的词汇知识储备

大量研究显示，文内已知词汇覆盖率达到95%～98%的读本比较适合外语学习者阅读。由于初中三个年级学生的词汇储备不一，在选择文学阅读文本时必须考虑生词量学生是否能接受，如果出现的生词过多，将会直接影响学生对文本的阅读兴趣，不仅不能让学生对文本产生兴趣，而且会导致更加严重的后果，使学生望文生畏，从此不再愿意读英美文学作品。

因此，我们开始选择《书虫》系列的分级阅读书籍给学生进行阅读，分级阅读书籍全面考虑到学生的词汇知识储备，让学生能够在少量查阅词典的基础上对文本进行阅读，从而达到顺利且持续的阅读。

二、开展文学体验阅读的教学准备

文学体验阅读课的开展，在松雅湖中学是第一次尝试，除了教师要做好心理准备和教学资源方面的准备外，还必须获得学校、家长和学生的理解和支持。

对于建立初中阶段的外语学科特色，促进学生的英语学习，校方非常支持我们教研组开展教学实践，并为我们开展文学体验阅读提供各方面的支持。

为了获得家长的理解和支持，我们备课组拟写了一份告家长书，目的是告诉家长英语课外阅读对学生初中阶段英语学习的重要性，把我们拟定的详细文学体验阅读方案告知家长，并告诉家长需要支持配合教师的地方。比如，希望家长能够督促孩子完成英语文学体验阅读作业；鼓励孩子坚持阅读；并且能够对文学体验阅读提出切实建议。从家长们的反馈来看，绝大多数家长支持我们的做法，家长委员还帮忙采购了书籍。

除了得到家长的支持外，教师自己也要在心理上和教学上做好准备。要做好文学体验阅读教学，教师必须热爱阅读，并且要读透文本，在阅读中要不断思考，这样才有底气和能力来引领学生阅读，才能真正实现文学体验阅读课的价值。

在做好思想准备的同时，教师也必须做好相应的教学准备。因此，我们教研组一起对文学体验阅读的操作模式和教学模式进行了探讨，共同探讨出相关的课型。

三、文学体验阅读的教学模式

文学体验阅读应该贯穿于初中生的整个英语学习过程，我们要求学生持续坚持文学作品的阅读。在这个操作过程中，不同的教师尝试了不同的方法和要求。有的教师坚持每天在课前5分钟带学生一起默读文学作品；有的教师要求学生每天晚上回家课后读5～10分钟的文学作品；也有的教师划定截止时间和设置相关任务，要求学生按时完成相应阅读任务。但是不管是哪种方式，我们都会要求学生完成我们的阅读收获单。

同时我们会每隔一段时间上一堂完整的文学阅读课，每个教师可以根据自己学生的阅读情况和速度选择一周、半个月或者一个月上一堂文学体验阅读课。我们把文学体验阅读的课型分为读前导读课、读中精读课、读后分享课三种类型。

（一）读前导读课

1. 教学策略

读前导读课主要是在学生阅读文本之前的引导课，它主要帮助学生了解作品的作者、写作背景和主题等元素，以及为学生进行自主阅读提供阅读方法和技巧。具体操作是阅读前引导学生在课前对文学作品的作者及其相关知识进行学习整合，然后在课堂上让学生了解作者的写作背景，从而引导学生明确作者的写作主题。同时，引导学生对文本的内容和章节进行推测。

2. 教学效果

读前导读课能激发学生阅读的兴趣，充分发挥学生学习的主动性。有助于提高学生的自主学习能力和终身学习能力。

（二）读中精读课

1. 教学策略

读中精读课选择文学作品中的某个章节或者某一片段进行精读。在课堂上，教师会让学生集体默读这部分内容。然后引导学生分析这部分内容中的人物、情节、语言等。读中精读课对于初中阶段的学生来说十分重要，教师既要充分发挥自己的引导作用，把握好文段所体现的主旨、主线，还要结合青少年的心理特点，充分挖掘作品中的语言、情节来引导学生继续阅读，增加学生继续阅读文本的兴趣。

2. 教学效果

读中精读课能够很好地培养学生的组织概括能力，引导学生通过文本的语言去了解作品中人物的性格，让学生能够真正感受到语言的魅力，并对文本产生强烈的阅读兴趣。

（三）读后分享课

1. 教学策略

阅读完部分章节或整本书后，教师引导学生对其情节进行梳理，讨论作品中的人物以及作品主旨。同时可以通过各种方式让学生展示阅读作品的收获，如戏剧表演、手抄报制作、海报制作等。

2. 教学效果

读后分享课是最受学生欢迎的阅读课，它能够很好地激发学生学习英语的兴趣。读后分享课给学生们提供了展示自我的平台，让学生们能够通过各种活动加深对作品的理解和感悟，深刻体验文学作品中的角色。

第三节　第一轮行动研究典型课例

本课例的教学内容是《夏洛的网》的读后分享课。这堂课重点聚焦于书中的第16章，并对前面所读的内容进行总结、分享。本课例作为校内的一堂教研课，给教师们提供了一种教学模式，大家集思广益，共同探讨。

一、教学分析

（一）教学内容分析

教学文本是《夏洛的网》，一部关于友情的童话，在朱克曼家的谷仓里，小猪威尔伯和蜘蛛夏洛建立了最真挚的友谊。当威尔伯的生命有危险时，看似渺小的夏洛用自己的力量救了威尔伯，但这时蜘蛛夏洛的生命却走到了尽头。作者用童话的叙事风格表达了其对生命本身的赞美与眷恋，给了我们关于生命的深沉思索。同时文本中夏洛和威尔伯之间的友谊也是初中生特别感兴趣的。

（二）学生分析

教学对象是长沙县松雅湖中学初二学生，他们英语基础一般，但对于文学体验阅读十分感兴趣。

二、教学设计

（一）教学目标

1. Understand chapter 16 off to the fair by reading.

2. Summarize the story.

3. Describe the personalities of each character.

（二）教学难点

Relate the chapters to our own life.

（三）教学步骤

Introduce the characters of the story by showing some pictures of each character.

【设计意图】通过图片的形式，让学生回忆文本中出现的人物形象，并对接下来的复述故事起到重要的作用。

Step 1: Retell the Story

Retell the story by giving pictures of the main plot, even giving some phrases and words.

【设计意图】通过复述故事，让学生们回忆起整个故事情节，给予学生们图片和句型帮助学生们复述故事。

Step2: Reading Comprehension

Answer the following questions：

What do you think of Wilbur?

（cute, active, friendly, kind, generous, gentle, creative, lovely, modest, humble）

1. What friends do you need? We should know about others'personalities.

2. How can we know more about a person or an animal?

3. Who told Wilbur the bad news? What is the bad news?

4. Do you think the old sheep should tell the bad news to Wilbur?

5. What do you think of the old sheep?

6. Who greeted Wilbur and was willing to be his friend?

7. Who is going to save Wilbur?

8. What did Charlotte say to Wilbur when he was crying and worrying his life?

9. How did Charlotte help to save Wilbur's life?

10. What was Charlotte doing during the days before going to the Fair?

【设计意图】这部分设计意图是希望让学生通过回忆所读内容，弄清楚所读作品的故事情节、人物关系、人物性格特点。所设计的问题根据章节的不同而有所不同，重点放在引导学生描述人物的性格特点上。

Step 3: Read chapter16 and answer the questions

1. What did Charlotte decide to do after Wilbur had the buttermilk bath？Why?

2. Who did Charlotte ask to go with her?

3. Where did Charlotte hide in the crate?

4. How did the old sheep persuade（说服）Templeton to go to the Fair?

5. What did the old sheep ask Wilbur to do before going into the crate?

【设计意图】通过让学生回答以上问题，使学生掌握本章节的情节，同时侧重于本章节所体现的人物的性格特点。

Step 4: Let's have a play

【设计意图】通过让学生表演书本的重要情节让学生们参与课堂，从而提高学生的英语文学体验阅读的兴趣。

Step 5: Homework

1. Let's write about their personalities.

2. Charlotte was a _____ . She could _____ .

In order to save her friend Wilbur, she _____ , so that people thought that Wilbur was a/an _____ pig and wouldn't _____ him.

I like Charlotte because she _____ .

【设计意图】作业的设计主要为了巩固本节课重点强调的人物性格的描述；通过完成填空让学生们把本节课所学的内容学以致用，了解文本中主人公的主要信息和性格特点。

三、教学反思

这堂课是一堂读后分享课，整堂课是在教师的引导下，通过学生的阅读、讨论、表演等活动对所读的文学作品的某一些章节进行总结、赏析。回顾整堂课，有以下几点不足需要改进。首先，整堂课中还是教师控制课堂，学生活动较少。在第三步的时候对于前面章节的复习过程，设计的问题较多，让课堂显得不那么活跃。

其次，对于文学体验阅读除了阅读文本的不同，是否还有一些创新的教学模式，让整个课堂变得不同，让学生主体作用能够很好地发挥。

最后，对于后进生怎么去关注，怎么去填补他们对课外教学内容的心理隔阂，让他们自主、愉快地接受所授的教学内容也需要进一步思考，怎么对学生进行评价更是有待思考。

第四节　第一轮行动研究总结和反思

第一轮行动研究历时两年，这轮行动研究结束后，我们又一次对英语文学体验阅读，特别是《夏洛的网》的阅读进行了问卷调查。

一、调查内容和方法

为了让学生喜爱英语阅读和学会阅读，培养核心素养从而丰富他们的人生经历，让他们在身临其境中发展思维，增长解决问题的能力，在体验中认识世界和培养英语能力。在长沙县英语名师工作室黄英老师的带领和培训下，松雅湖中学八年级的英语教师选择了《夏洛的网》的英文原著作为文学体验阅读的文学读本，于2017年11月开始指导学生阅读。参加的是八年级全体学生，共24个班，1200多名学生，在学习日和节假日连续开展阅读活动。到2018年7月，阅读活动已持续8个月，部分班级的学生快要读完这本书了。期间，我们英语教师定期交流阅读活动的情况、心得、方法、收获，及时帮助学生。

在松雅湖中学八年级5个班级中抽调70位学生进行问卷调查。70份调查表全部有效，调查问卷如下：

亲爱的同学：

你好！

我们想要对文学体验阅读《夏洛的网》的阅读情况进行一次调查，请帮忙填写这张问卷。谢谢！

1. 你经常在课外阅读它吗？（　　　）

　　A. 经常读，已养成习惯

　　B. 有时读

　　C. 很少读

　　D. 基本不读

2. 你对这种文学故事类阅读的观点是（　　　）

　　A. 非常必要，必须重视和加强

　　B. 无所谓，学好几门功课就行了

　　C. 尽看些闲书，影响学习，不主张

3. 你喜欢这种文学体验阅读吗？（　　　）

　　A. 喜欢

　　B. 一般

　　C. 不喜欢

4. 你觉得《夏洛的网》怎么样？（　　　）

　　A. 难读，有趣

　　B. 中等难度，有趣

　　C. 容易读，有趣

　　D. 难读，无趣

　　E. 较难，无趣

　　F. 容易，无趣

5. 您经常写阅读《夏洛的网》的读书笔记吗？（　　　）

　　A. 经常

　　B. 偶尔

C. 没有

6. 如果不是《夏洛的网》，你希望是哪方面的书籍？（　　　）

    A. 文学方面的书

    B. 科学知识方面的书

    C. 脑筋急转弯或儿童漫画之类的娱乐书

    D. 学习辅导用书（优秀作文等）

其他书：＿＿＿＿＿＿（填）

7. 你会经常和同学交流本书阅读的体会吗？（　　　）

    A. 经常会

    B. 有时会

    C. 很少

    D. 不会

8. 你觉得读《夏洛的网》有哪些收获？

＿＿＿＿＿＿＿＿＿＿＿＿＿＿＿＿＿＿＿＿＿＿＿＿＿＿＿

9. 你对这种英语文学阅读谈谈自己的看法、建议。

＿＿＿＿＿＿＿＿＿＿＿＿＿＿＿＿＿＿＿＿＿＿＿＿＿＿＿

二、调查内容的整理和分析

从问卷调查的结果可以发现，学生们的英语课外阅读面很窄、资源贫乏（有43人没有填写想读的书）。英语文学体验阅读的开展，正好满足了他们的需求，85%的学生对这种文学故事类阅读十分感兴趣，认为非常必要，必须重视和加强。在教师的指导下，学生们积极热情地读了《夏洛的网》。97%的学生喜欢读《夏洛的网》，其中超过三分之一的学生不仅爱上了阅读这本书，而且养成了阅读的好习惯，能经常做笔记，常与同学交流，收获很多。学生们喜欢书中的角色，关注故事的发展，为角色的命运时而欢喜，时而忧愁，体会到动物之间纯洁、美好的友谊，促进了自己心灵的成长。

63%的学生觉得《夏洛的网》是中等难度，且有趣，10%的学生觉得容易、有趣。所以，课题的选材非常适合他们。

98%的学生表示有收获，即仅1人表示没收获。

学生们的收获表现在三个方面：第一是学习了很多英语知识、英语的新单词、新词组和优美的句子，复习和进一步理解了课内外语法知识，还有对英文原著的了解。第二是英语阅读能力增强，读得更轻松，不害怕读英文原著了，通过画思维导图，英语思维更加活跃。第三是精神上的欣赏、体验和升华。学生说，通过阅读《夏洛的网》能学会奉献，真诚交友；感受动物之间的纯洁友谊；感受童真童趣，净化自己的心灵；感受乡村生活的乐趣，动物之间的友善和谐，及他们的拼搏精神。

97%的学生喜欢读，认为受益匪浅，热切希望在教师的指导下继续读文学书，其中34%的学生感受非常强烈，并热情地说了很多建议和看法。

学生A说，英语文学体验阅读能开阔他们的视野，教师的导读能深化他们对英语句子、文章内容和句法结构的理解，他十分欣赏这种阅读。学生B说，多阅读英语文学书籍能体会英语语言和西方文学的魅力，也有利于提高自身对英语学习的兴趣。

三、总结和反思

根据英语文学体验阅读文本选择所需要考虑的三个基本要素：文学作品的主题要满足学生的心理需求；文学作品的内容具有连贯性；文学作品的选择必须考虑学生的词汇量和知识储备。根据这三个要素，我们前面选择的《粉红猪小妹》系列无法满足初中生真正的心理需求，之后我们又选择了《书虫》系列文学作品，但是《书虫》是中英文对照的，使得学生过于依赖中文，所以我们决定选择全英文文学作品，最后选择了著名的文学作品《夏洛的网》。书中关于友谊的主题能够满足学生的心理需求，每个章节之间衔接紧密，但是又出现了一个问题，那就是学生面临的生词太多，导致每个班最终能够持续阅读的学生并不多。因此，我们要考虑降维阅读，继续选择更加适合初中生阅读的文学作品。

通过本轮行动研究的探索，提出了英语文学体验阅读走进初中英语课堂的主要课型和教学策略。我们主要实践了三种课型：读前导读课、读中精读课、读后分享课。三种课型分别发生在文学作品阅读的不同阶段。课前导读课让学生们在读前自主去找寻与阅读文本相关的知识，有助于学生自主学习能力的发展。教师在课堂上引导学生对文学作品的作者、写作背景、作品情节等进行预测，让学生对之后的阅读产生兴趣。读中精读课选择文本某个章节或某个部分，由教师引导学生对这部分内容进行课堂默读以及故事情节分析、人物性格特点分析，也会对文段语言进行赏析。但是文本的分析和整合还需要教师花更多的时间和精力，使其更加紧凑，从而让学生的学习效果更好。读后分享课让学生能够在阅读完整本书或者书的一部分后，将自己的所学、所读、所思进行分享，从而让学生的语言输入有了输出的平台和机会。各种各样的活动也让学生的阅读兴趣高涨，从而使他们获得阅读的内驱动力。分享课还有许多方面有待改进，如学生的参与度不够、分享活动不够丰富等。

初中阶段的学生面临中考压力，其精力不得不集中在应对考试上，这势必会影响文学作品的阅读时间以及阅读的专注度。面对日常教学任务和应试压力，如何保证学生有充足的阅读时间仍是一个难题。

第四章

初中英语文学体验阅读教学第二轮行动研究：调整和改正

第一节　问题和研究设计

一、第二轮行动研究问题

从第一轮行动研究中学生的反馈可以看出，大部分学生对阅读英语文学作品感兴趣，认为其有助于丰富自己的词汇量，提高语言综合能力，并且希望能继续坚持阅读。英语文学体验阅读要在初中落地且长期、有效、顺利地开展，必须考虑三个重要问题。具体如下：

首先是选材方面，阅读文本应该既要符合初中生的认知，又要契合他们的学习能力，还要能激发他们长期的阅读兴趣。初中生英语阅读水平有限，而英语原著如《夏洛的网》虽然趣味性较强，但由于词汇量较大，句式灵活复杂，许多学生反映阅读起来难度较大，难以理解透彻，也在一定程度上影响了部分学生的持续阅读；而《书虫》系列分级读物中的图文虽然吸引学生，但是中英文互译，使得部分学生在遇到生词较多的情况下，选择阅读中文，忽视英文，不利于其英语语言能力和学习能力的培养。

其次是阅读指导方面，教师应该给予学生课内外阅读方法、阅读技巧等方面的科学指导与跟进，让英语课外阅读常态化，并运用不同的教学方法激发学生的阅读兴趣，发挥学生的主动性，让学生更多地参与英语文学体验阅读。虽然教师尝试了三种不同课型，但对学生英语课外阅读缺乏科学且持续的阅读指导，部分英语基础较差的学生阅读动力不足，容易放弃，且浮于表面，只是盲目跟从其他学生；大部分学生难以从英语文学体验阅读中受益，这是因为教师开展的阅读活动较少，学生的核心素养也难以得到真正全面的发展。

最后，近年来由于新冠疫情的影响，学生们正常在校学习受到了一定程度的影响，线上学习这种学习方式也逐渐变得普遍。新课标提出，教师要将"互联网+"融入教学理念、教学方法、教学模式中，深化信息技术与英语课程的融合，推动线上线下学习相结合，提高英语学习效率。为了帮助学生更好地开展英语文学阅读，教师应该与时俱进，进行线上英语文学阅读的指导。此外，学生除了在校期间，假期如何开展自主且实效的英语文学阅读，确保学生英语阅读的连续性，助力其养成良好的阅读习惯，这些问题都值得教师们进一步考虑。

综上所述，本轮研究的问题如下：

（1）在新课标背景下，如何选择更适合学生认知水平与学习能力的英语课外读物？

（2）如何扩展学生的英语课外阅读方式？

（3）周末与假期期间，我们应该采取何种方式来帮助学生开展英语文学阅读？

二、研究设计

关于问题（1）和问题（2），新课标为我们指明了答案。新课标指出，教师要指导学生坚持开展课外阅读，注重培养和发展其阅读素养。为学生提供课外阅读的环境、资源和方法，创设良好的课外阅读氛围，帮助学生在阅读中得到全方位的发展。首先，要帮助学生选择或指导学生自主选择适合的阅读材料。在第一轮行动研究中，教师为学生选择了阅读材料，如《夏洛的网》，虽然是儿童文学经典，但对于部分学生来说，生词太多，难度比较大。如果能选择分级读物，或者让学生自主选择阅读材料，学生的阅读兴趣可能会更大。关于问题（2），新课标指出，要坚持精读与泛读相结合、课内外阅读相结合。第一轮行动研究中，教师以文学阅读课和学生课内阅读为主，忽略了精读、泛读结合，也忽视了课外阅读的重要性。因此，扩展学生的英语文学阅读方式迫在眉睫。关于问题（3），周末或者节假日期间，我们应该如何指导学生开展英语文学阅读。在互联网普及的时代，阅读也可以线上与线下相结合来进行，教师可以线上指导学生，学生也可以利用网络自主选择学习资源，指导同伴学习。这些方式不仅有利于学生英语文学阅读的持续进行，也有利于学生自主阅读能力和综合能力的提升。结合以上分析，我们确定了第二轮行动研究的问题和行动措施，如图4-1所示。

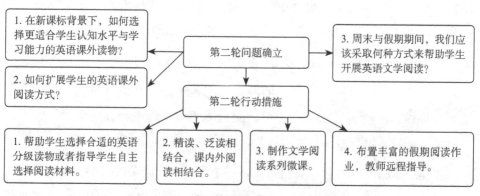

图4-1　第二轮行动研究的问题和行动措施

第二节　第二轮行动研究措施：
制订和实施行动计划

第二轮行动研究是建立在第一轮研究的基础上，是对第一轮行动研究的调整和提升，不论是从满足新课标的要求还是满足新时代的阅读要求，都是英语文学体验阅读教学的进一步完善，下文结合案例阐述第二轮行动计划。

一、初中英语文学体验阅读文本的再选择

经过第一轮行动研究，通过对《夏洛的网》和《书虫》系列分级读物的探索，借鉴了其他地区和学校的一些成功经验，我们决定选择上海外语教育出版社的黑布林系列英语阅读和黑猫系列英语分级读物作为学生的阅读材料。这两套书均为分级读物，黑布林系列英语阅读从欧洲专注于英语教育的Hebling Languages出版机构引进，这套读物全彩设计、图文并茂，将经典小说与当代作品完美结合，有小学段、初中段和高中段，可以全面满足不同语言能力水平学生的英语阅读需要。黑猫系列英语分级读物从Black Cat出版社引进，以经典名著的改编本为主，也有少量当代原创作品，规模宏大、体系完备、分级科学、可读性强。它分为小学和中学两个学段，根据"扩读"（Expansive Reading）的理念编写而成，提倡将文本作为跳板，助力学生探索语言、文学、文化及其他与文本相关领域的知识。两套读本还配有分角色、剧场化的录音，可供学生聆听、跟读、仿读，配套的读前、读中和读后练习，便于教师对学生学习效果进行及时和有效的检测。

在确定了阅读材料后，我们仍面临一个问题：如此多的故事，究竟哪些才是学生感兴趣的读物呢？哪些适合不同年级的学生的语言能力呢？经过反复讨论，我们根据学生的实际情况，采取"降维阅读"的原则，即刚进入初一的学生读黑布林或黑猫小学E级系列，这是符合学生英语入学水平的小学读物，等学生适应后，在初一下学期选择黑布林或黑猫初一系列较简单的读物，初二时选择初一系列较难的读物，初三时则选择初二系列的读物。确定此原则后，我们随即设计了调查问卷，从阅读经历、阅读习惯、语言能力、阅读兴趣点等方面对各个年级的学生进行了一次问卷调查，经过团队教师对问卷的分析，根据主题对阅读读本进行了筛选，综合考虑，为学生初步制订了三年计划，具体见表4-1。

表4-1　学年三年阅读计划

时间	主题	推荐读物（举例）
初一上学期	阅读兴趣和习惯培养的童话故事	黑布林小学E级6本，如《驼背人拉斯莫尔与小精灵》《美女与野兽》
初一下学期	良好品德和习惯的养成	黑布林英语Fireball's Heart《赤诚之心》 黑猫英语Pinocchio《匹诺曹》
初二上学期	成长的烦恼	黑布林英语Peter Pan《彼得潘》 黑布林英语Holly's New Friend《霍利的新朋友》 黑猫英语The Wonderful Wizard of Oz《绿野仙踪》
初二下学期	青春期交友	黑布林英语The Secret Garden《秘密花园》 黑猫英语The Prince and the Pauper《王子与贫儿》
初三上学期	人生感悟类、侦探类	黑猫英语Little Women《小妇人》 黑布林英语The Hound of Baskervilles《巴斯克维尔的猎犬》
初三下学期	题材更丰富思想更深刻，也可选纪实文学	黑猫英语Hamlet《哈姆雷特》 黑猫英语Oliver Twist《雾都孤儿》

计划制订后，我们开始按照其开展阅读，在阅读过程中，根据学生的实际情况和读后反馈进行相应的微调整。此次阅读文本的再选择，基本符合课题组团队所在学校的学情，所以实施起来比较顺利。

二、初中英语文学体验阅读之精读、泛读相结合

在确定了课外阅读的文本以后，我们继续探索优化初中英语文学体验阅读的阅读模式。新课标指出，教师要督促学生每天保证一定的阅读时间，坚持精读与泛读、课内阅读与课外阅读相结合，将课外阅读任务统整至课后作业中，并组织学生定期交流展示阅读成果。因此，我们在第一轮尝试的基础上，继续探索初中英语文学体验阅读的精读和泛读模式，以期取得更大的成效。

（一）精读模式及典型课例

精读，用一句话概括，就是详细地、一字一句地深入阅读。精读包含了书本里许多细节内容，如封面、作者的背景、书中的历史背景、文化知识等。在第一轮行动研究中，对于整本书阅读，教师一般会上三节专门的文学阅读课，即读前导读课、读中精读课和读后分享课。但经过实践后发现，只上三节阅读

课对于学生精读一本书来说远远不够。因此，我们决定，每周专门设置一节英语文学阅读精读课，对学生的课外阅读进行指导。每开始阅读一本书，教师都会进行一次导读激趣课，在这节课里，学生跟随老师，从封面信息、作者、目录，再到第一、二章的阅读，使学生对读本内容产生大致印象。在课外阅读的过程中，对一至两章内容进行欣赏分析。在读完整本书后，针对整本书上一堂读后分享课。以下是精读课的几个典型课例：

The Fisherman and His Soul（*Chapter 1*）

《渔夫和他的灵魂》第一章　导读激趣课教案

长沙县黄英英语名师工作室　松雅湖中学　李盼

一、教学目标

1. 培养学生自主阅读的能力。

2. 让学生初步掌握自主阅读方法和技巧。

3. 帮助学生形成对爱和生命的初步感悟。

二、教学重难点

1. 激发学生的阅读兴趣。

2. 引导学生如何自主阅读。

三、教学步骤

Step 1: Lead-in: a video

Step 2: The background information

What can you learn from the cover and the contents?

Step 3: Pictures

Do you want to know their story?

Step 4: Silent reading: Read Chapter 1 quietly and enjoy it（8min）

Step 5: Plot（情节）

beginning

What does chapter 1 talk about at first? Which paragraphs are called "beginning"?

Task 1: Complete the mind map about the beginning of Chapter 1（2min）

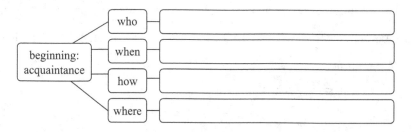

development

After meeting the Mermaid, does the Fisherman fall in love with（爱上）her?

Which paragraphs are called "development"?

climax

If the Fisherman wants to be with（和……在一起）the Mermaid, what should he do?

Task 2: Rank（排序）the sentences to make the plot clearer（30s）

1. Because the Mermaid sings well, the Fisherman falls in love with her.	2. But the Fisherman should lose his soul if he wants to be with the Mermaid.	3. One evening when the Fisherman catches fish on the sea. Then, he catches a Mermaid and lets her free.

beginning: acquaintance（　　）→development: love（　　）→ climax:

difficulty（　　）

Step 6: language & characters

Task 3: Discussion（讨论）What do the Fisherman and the Mermaid look like?

P13（1min）

Describe your classmates by using "be like".

What are the Fisherman and the Mermaid like?

Enjoy the beautiful sentences.

Does the Fisherman love the Mermaid?

Step 7: A video

Step 8: Guess the ending.

Task 4: group-work：mini-theater（小剧场）（7min）

Write the following story and the ending first, and then perform（表演）it. 6～7 students a group. 1 narrator（旁白）, 1 Mermaid, 1 Fisherman, 3～4 other characters（其他角色）or helpers（幕后人员）.

（注：编写的后续故事和结局即可作为旁白内容。）

example:

The Fisherman begins his way to send away（送走）his soul.

On his way, he ...

Then/ Next, he ...

...

At last/Finally/In the end, ...

useful words:

v. meet, die, play, live together, ...

adj. smart, happy, great, nice, ugly, cute, ...

n. life, baby, parents, house, sea, ...

Step 9: Connection

Step 10: Homework

1. Write reading notes.

2. Read Chapter 2 by yourselves.

Peter Pan（Chapter 5）《彼得·潘》第五章　精读赏析课教案

长沙县黄英英语名师工作室　松雅湖中学　郭燕

一、教学目标

1.通过介绍一些自主阅读的方法与技巧，培养学生阅读赏析的能力；

2.帮助学生探索本章主题，深刻理解Neverland的含义。

二、教学重难点

1.引导学生对情节进行概括，对人物进行赏析；

2. 引导学生思考探索主题。

三、教学步骤

Step 1: Show time.

Some students perform a short play about chapter 4.

Step 2: Reading

1. Picture walk.

Show some pictures from chapter 5 and ask students to guess what this chapter is about.

2. Plot mountain.

（1）Introduce the climax.

（2）Put the pictures in order.

3. Neverland.

If you are the illustrator（插画师）, what will you add（增加）on Neverland?

4 . Character analysis.

Analyze Captain Hook and Tinker Bell according to "STEAL" mode.

STEAL means speech, thoughts, effect, actions, looks.

Step 3: Discuss the open ending

1. What will happen to Wendy? Will she die（死亡）?

2. Understand Neverland.

Beauty and the Beast《美女与野兽》读后分享课课例分析

长沙县黄英英语名师工作室　松雅湖中学　李盼

本节课是一节整本书阅读之后的深读赏析课。李盼老师从学生阅读的实际情况出发，设定了本节课的教学环节。

1. 通过《美女与野兽》电影预告片的导入，激发学生的兴趣；设定走向城堡的情境，让学生开启沉浸式阅读。

2. 对整本书划分场景，针对三个场景设置任务，为学生梳理整本书的情节搭建桥梁；挑选学生最感兴趣的结局部分，让他们化身成书中人物，小组合作进行精彩演出。

3. 通过书中的句段，对人物外貌、性格进行赏析，让学生了解语言、动作描写的手法，从而帮助他们形成对人物的认识。

4. 通过叶芝的诗歌《当你老了》联想并升华情感体验，赏析优秀的手抄报作品。

本节课线条清晰明了，课堂气氛活跃生动，教学目标达成良好。尤其是学生的小组活动环节，参与度高，表演得惟妙惟肖，生动地展现了他们对于书中人物的态度，也将课堂的生成展露得淋漓尽致，而联想和欣赏部分则是整堂课的点睛之笔。

（二）泛读不同形式及实践

与精读相反，泛读主要是通过大量阅读，提升语言能力和阅读素养。泛读的主要目的是了解文字的意思，以及获得读书的乐趣。泛读不需要掌握语法，也不需要掌握每个词的含义，只需要理解故事内容和情节，就可以进行下一本，它讲究的是阅读的量以及速度。泛读时，不限题材、不限内容、不限数量，只要喜欢读的，都可以阅读。

为了帮助学生提高课外阅读的效率和质量，避免漫无目的地阅读，每周教师会布置两章左右的阅读任务，要求学生利用周末时间做好读书笔记，并回答3～5个与内容相关的问题。周一的时候，教师再检查学生的周末作业，评价学生的阅读情况。读书笔记的基本格式见表4-2。

表4-2　阅读笔记的基本格式

Vocabulary I like（我喜欢的词汇）	
Sentences I like（我喜欢的句子）	
Characters（人物分析）	
Plot（情节概括）	
My understanding（我的感受）	
My questions（我的疑惑）	

其中，我喜欢的词汇和句子两部分，要求学生摘抄记录阅读过程中自己喜欢的词汇或句子。人物分析和情节概括部分，教师鼓励学生以多种形式完成，可以是文字，也可以用思维导图、漫画等，基础较弱的学生，也可以中英文夹杂。我的感受部分，学生可以写下阅读完本部分后自己独特的感受和理解。最后，我的疑惑部分，学生也可记录自己在阅读过程中产生的疑问，可以自己假设答案，也可以在之后的阅读中验证自己的答案，还可以将疑问与教师、同学一起讨论。教师在检查完读书笔记后，会选择优秀的读书笔记进行拍照存档，制作美篇或发布公众号，鼓励更多学生向身边优秀的同学学习。

在阅读整本书后，为了检测学生的阅读效果，教师还组织开展了形式多样的读后活动，如手抄报比赛、好书推荐卡制作活动、读书分享会、英语戏剧表演大赛，鼓励学生将所读所思通过画笔、表演等分享表达出来，从而内化成自己的一部分。在阅读完黑布林英语*Fireball's Heart*《赤诚之心》之后，我们举办了手抄报比赛和戏剧表演大赛，在阅读完黑布林系列英语*Holly's New Friend*《霍莉的新朋友》后，我们开展了读书分享会和好书推荐卡制作活动。这些形式丰富，内容有趣的活动，不仅及时检验了学生英语文学体验阅读的效果，更提升了学生的英语阅读素养，增加了他们坚持英语文学体验阅读的动力。

三、初中英语文学体验阅读之线上线下融合

现代信息技术不仅为英语教学提供了多模态的手段、平台和空间，还提供了丰富的资源与跨时空的语言学习和试用机会。新课标倡导教师要积极关注现代信息技术在英语教学应用领域的发展和进步，努力营造信息化教学环境，基于互联网平台开发和利用丰富的、个性化的优质课程资源，为学生搭建自主学习平台。

（一）居家学习文学体验阅读开展

2020年新冠疫情初期，为了深化信息技术与英语文学体验阅读的融合，推动学生线上线下学习相结合，提高学生的学习效率，长沙县黄英初中英语名师工作室进行了大胆的尝试。

2020年3月初，在工作室首席名师黄英老师的带领下，工作室成员教师决定

共读*The Little Prince*《小王子》，名师每日布置阅读练习，教师们需要认真思考完成打卡。同时，为了便利学生们开展英语文学体验阅读，每位教师负责一个章节的微课制作，并在长沙县初中英语名师工作室公众号上连载，以期为居家的学生提供优质、便利的文学阅读资源。

微课制作和设计主要从四个方面进行，即plot（情节），character（角色），language（语言），connection（联想）。在plot环节，教师通过思维导图或其他形式对本章故事情节进行简单的概括与总结；在character环节，教师通过分析人物描写，如动作、外貌、神态、心理、语言等，来分析人物的性格特征；在language环节，教师对文中描写优美或经典的段落进行赏析；而connection环节包括三方面：text to world，text to self，and text to text，通过将文本与世界、与自我、与文本内部进行关联，引发学生的思考，探讨更为深刻的主题。如图4-2所示，是小王子第一章微课资源的部分截图。

（1）

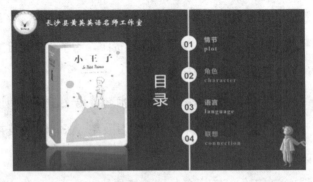

（2）

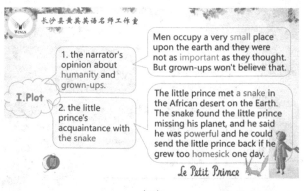

（3）

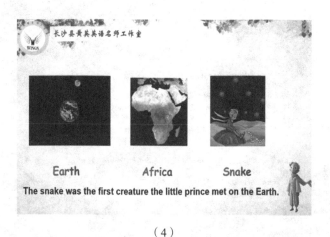

（4）

（5）

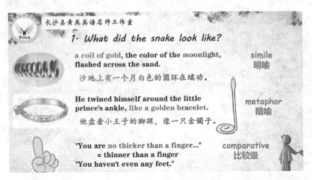

（6）

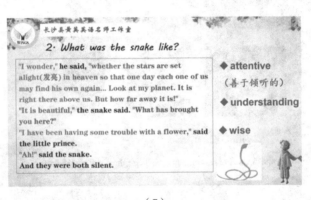

（7）

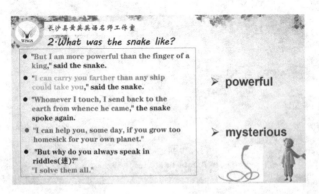

（8）

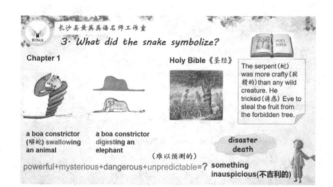

（9）

（10）

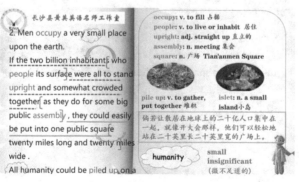

（11）

IV.Connection

1. *"It's a little lonely in the desert..."*

"It is also lonely among men," the snake said.
Why do people feel lonely when they are among many people?
What is the real cause of loneliness?

The Lack(缺乏) of communication or understanding.

✓ Put down the mobile phone and spend more time with our family or friends.
✓ Communicate more and share our happiness and sorrow.
✓ Put ourselves in others' shoes (换位思考).
    ……

（12）

2. *"I have been having some trouble with a flower," said the little prince.*

"Ah!" said the snake.

And they were both silent.

Were they thinking about something during the silence?
What might they independently think about?

He was missing his flower and worried about her.

He was surprised by the innocence of the little prince.

（13）

3. *"But why do you always speak in riddles?"*
   "I solve them all," said the snake.

How might the snake solve the riddles?

Will they meet again?
What will the snake do to help the little prince?

To be continued...

（14）

（15）

（16）

图4-2 小王子第一章微课资源的部分截图

本套微课资源被北京明师学院收入2020年"抗疫护教——名师工作室成果分享"公益活动资源，每位参与的教师都获得了荣誉证书。这套微课为学生的英语文学体验阅读也提供了极大的帮助。

（二）假期文学体验阅读开展

在此次《小王子》微课资源开发的启发下，我们又开始思考如何在假期期间组织学生更好地开展英语文学体验阅读。在不断的尝试和摸索下，我们讨论出了两种基本的假期文学体验阅读模式。

寒暑假是学生进行英语文学体验阅读的绝佳时期。为了使阅读效果更佳，我们在2021年寒假期间尝试了以下方法。首先，教师在放假前先与学生一起确定假期阅读读物，然后根据章节在班级内挑选部分英语基础较好的学生，每个学生负责一至两章内容，制作一个视频导读微课。确定好任务之后，建立相关微信群，要求相关学生在规定的时间内，从plot, character, language, connection四个方面对章节进行分析，整理思路，运用视频剪辑软件对图文素材进行加工，以及录音、配音，完成后再发给教师审核、修改。最初尝试时，学生遇到许多困惑和难点，但是经过教师线上同步指导、帮助，学生们制作的微课视频越来越优质，在这个过程中，学生们的英语阅读能力、英语口语水平、分析提炼能力、创新思维能力以及信息技术的使用水平都得到了全面提升。制作出来的微课，根据章节顺序，发送到班级微信群，以方便其他学生进行学习、赏析。通过这种方法，2021年寒假，我们尝试带领部分学生制作了黑布林英语*A New Home for Socks*《寻找安乐窝》的整本书微课导读视频资源；2022年暑假，在总结和反思的基础上，又带领部分学生制作了黑布林英语*The Hound of Baskervilles*《巴斯克维尔的猎犬》的整本书微课导读视频资源，并加上了朗读视频资源。学生将导读视频先后发布在长沙县初中英语名师工作室公众号上，得到了许多师生与家长的高度评价与称赞。

此外，我们还尝试了另一种假期英语文学阅读方式。假期前，教师与学生共同确定一本读物，在班级内挑选部分英语基础较好的学生，每位学生负责一章节，制作导读PPT，教师建立微信群，予以相关指导。导读PPT也以plot, character, language, connection四个方面为主，适当加入生词和美句讲解。导读PPT用于第二学期，由学生在英语阅读课课堂上为全班同学讲解。2022年暑假，我们尝试了用此种方式组织部分初二学生阅读*Next Door*《外星邻居》，制作了全套导读PPT。第二学期的英语阅读课上，这些导读PPT的制作者便化身为小老师，带领班级学生一起导读。从教师导读到学生导读，无论是对台上的小老师，还是对台下的学生来说，英语文学阅读体验课都有了另一番不一样的体验。

第三节　第二轮行动研究总结和反思

本轮行动研究结束后，为了进一步了解本轮行动研究的效果并为开展下一轮行动研究做准备，我们准备了一次问卷调查，具体如下。

一、调查内容和方法

1. 对于英语文学体验阅读，你平时的体验有多深？（　　　）

　　A. 能读懂故事情节

　　B. 能读懂作者的写作意图

　　C. 能将所读与自己的学习生活联系起来

2. 以下黑布林系列英语中的阅读故事，你最喜欢哪几本？（选3本）（　　　）

　　A.《赤诚之心》

　　B.《彼得·潘》

　　C.《杰克的悠长夏天》

　　D.《寻找安乐窝》

　　E.《渔夫和他的灵魂》

　　F.《霍莉的新朋友》

　　G.《聪明的妇人》

　　H.《巴斯克维尔的猎犬》

3. 如果让你自主挑选课外英语阅读读物，你会选择哪些主题的读物？（选3项）（　　　）

　　A. 成长烦恼类

　　B. 友情、爱情类

C. 童话故事类

D. 人生感悟类

E. 侦探故事类

F. 科普科幻类

G. 魔幻类

H. 自然科学类

I. 哲学类

J. 其他

4. 在英语文学体验阅读中，通过教师的指导和自己的实践，你哪些方面的能力得到了提升？（选择3项最突出的）（　　　）

A. 词汇句型

B. 语法知识

C. 概括能力

D. 深层理解和分析能力

E. 口语表达能力

F. 文化知识

G. 阅读技巧

5. 在英语文学体验阅读中，你思维的哪些层次得到了提高？（不限选项）（　　　）

A. 识记

B. 理解

C. 应用

D. 分析

E. 评价

F. 创造

6. 如果在英语文学阅读课上，教师采取"阅读圈"小组活动，你最想尝试哪个角色？（　　　）

A. Word master（词汇大师）

B. Summarizer（总结概括者）

C. Passage person（篇章解读者）

D. Connector（实际生活联系者）

E. Culture collector（文化连接者）

F. Discussion leader（讨论组长）

G. Critical thinker（批判思考者）

二、调查内容的整理和分析

本次调查问卷有50位学生参与了填写。对调查结果进行初步整理后，结论如下：

（1）对于英语文学体验阅读，你平时的体验有多深？

64%的学生能读懂故事情节，22%的学生能读懂作者的写作意图，7%的学生能将所读与自己的学习生活联系起来。大部分学生对于文学阅读能够读懂故事情节，但是深层次的阅读只有少部分学生能够做到。

（2）以下黑布林系列英语中的阅读故事，你最喜欢哪几本？（选3本）

排名前三的英语文学读物是《赤诚之心》《渔夫和他的灵魂》《巴斯克维尔的猎犬》。

（3）如果让你自主挑选课外英语阅读读物，你会选择哪些主题的读物？（选3项）

排名前三项是侦探故事类、魔幻类、成长烦恼类。

从问题二和三的调查结果可以看出，青春期的学生充满了好奇心和想象力，对未知的事物充满了兴趣。因此在选择英语文学阅读读物时，应多选择贴近生活，以及能激发其想象力、创新力的主题故事。

（4）在英语文学体验阅读中，通过教师的指导和自己的实践，你哪方面的能力得到了提升？（选择3项最突出的）

70%的学生选择了词汇句型，48%的学生选择了阅读技巧，40%的学生选择了语法知识。大部分学生认为通过开展英语文学体验阅读，自己的英语语言能力和阅读能力得到了较大的提升，但是概括能力、深层理解和分析能力、口语表达能力提升得不够。

（5）在英语文学体验阅读中，你思维的哪些层次得到了提高？

66%的学生选择了理解，52%的学生选择了识记，46%的学生选择了分析。说明应用、评价、创造三方面的能力提高得还不够。

（6）如果在英语文学阅读课上，教师采取"阅读圈"小组活动，你最想尝试哪个角色？

26%的学生选择了word master词汇大师，16%的学生选择了discussion leader讨论组长，14%的学生选择了connector实际生活联系者，14%的学生选择了critical thinker批判思考者，12%的学生选择了passage person篇章解读者，10%的学生选择了summarizer.总结概括者，8%的学生选择了culture collector文化连接者。

从这个问题的调查数据来看，部分学生对词汇比较感兴趣或更自信，对于"阅读圈"的其他角色，学生都想尝试。

三、总结和反思

通过第二轮行动研究实践及调查问卷数据分析，笔者得出以下结论：

（1）在英语文学体验阅读中，通过阅读适合学生语言水平和认知水平，能激发学生兴趣的英语阅读分级读物黑布林英语、黑猫英语，学生的英语语言能力、阅读能力得到了大幅度提升，英语文学体验阅读已经成为学生英语学习的重要途径之一。

（2）学生在教师精读课的指导下，能够按照计划表顺利读完相关的英语课外阅读读物，并有效开展自主阅读，积极参与读后阅读活动。

（3）寒暑假期间，通过小老师导读的形式，学生能在导读微课视频的帮助下，自主完成相关课外阅读任务。

（4）在英语文学体验阅读中，学生的思维能力和文化意识仍然是有待提升和培养的部分，尤其是思维的应用、评价、创造层次，且大部分学生都期待能在这些方面有所突破和提高。"阅读圈"教学活动的开展，或许是一个有效的途径。

第五章
初中英语文学体验阅读教学第三轮行动研究：
提升和应用

第一节　第三轮行动研究问题的提出

英语课程标准明确指出，初一、初二、初三学生课外阅读量应分别累计达到4万词以上、10万词以上和15万词以上。大量阅读是英语学习者成功的共同经验，足量的课外阅读会让学生的阅读态度更为积极。在前两轮阅读教学活动的开展中，我们发现让学生在提升阅读能力的同时，如果他们的思维品质也得到发展，那么其阅读习惯的养成将水到渠成，从而真正实现从学科教学到学科育人的转变。因此，本轮行动研究将聚焦于学生思维品质的提升。

第二节　"阅读圈"阅读模式在文学
阅读教学中的实践

一、"阅读圈"阅读模式的角色分工

"阅读圈"又名文学圈，是以学生为中心，以建构主义学习理论和合作学

习理论为基础的一种阅读形式。在此模式中，小组成员为4~8人，有各自的学习任务，并分别担任不同角色。在规定时间内，成员共读相同的阅读材料，完成自主阅读和任务。之后，成员在小组内进行成果分享。在交流展示中，即完成了小组合作也完成了阅读材料的理解。

具体包括以下角色：

（1）提问者（Questions Director）：通过提问来分析文本，成员在阅读过程中产生的诸多问题，提问者把它们搜集起来，一起讨论；

（2）总结者（Summarizer）：简要概括故事，包括要点、关键内容和精华部分等；

（3）人物分析者（Character Analyzer）：分析作品中的人物，如各个人物的形象是如何树立的；

（4）连接者（Connector）：将阅读材料和读者自身日常经验结合起来；

（5）调研者（Background Researcher）：利用网络资源等搜寻作者信息、故事主题等背景资料；

（6）语言家（Language Master）：找出文中的优美语句、关键句或长难句并分享。

二、"阅读圈"阅读模式的特点

"阅读圈"阅读模式在初中英语教学中，以学生的阅读兴趣为中心，积极唤醒学生内在对阅读的热情和动力。可以由课堂延伸到课外，甚至是打破时间和空间壁垒，利用线上资源和平台，发展个人阅读能力和素养，对英语学习产生真正的兴趣。同时，在积极阅读中逐渐形成良好的阅读和沟通习惯。"阅读圈"教学方式基于小组成员承担任务和扮演不同角色从而分享各自的阅读成果。如何有效表达，对学生说和写的能力提出更高的要求。因此，快速准确地掌握文本有效信息，并转化为内在语言基础，成为此模式的特点。

三、"阅读圈"阅读模式的应用与创新

在本轮探索中，不仅将继续提高学生对英语阅读的兴趣，创设鲜活情境，引入文本自编自导自演，而且会引导学生陶冶情操、启发思维，进一步加强"阅读圈"角色间的合作能力，逐渐养成学生独立思考、思辨文本信息的能力。

四、"阅读圈"阅读模式的教学案例

黑布林英语阅读*Holly's New Friend*

长沙县松雅湖中学　银洁

一、教学内容分析

本节课是黑布林英语阅读*Holly's New Friend*《霍利的新朋友》的读后分享课。本节课利用"阅读圈"的教学路径，课前设置Talented actor（英语话剧表演）帮助学生回顾情节，设置Illustrator（插画师）完成好书推荐卡的插画设计，为本节课做好铺垫和准备。课中设计英语读书分享会的情境，通过学校读书节设计好书推荐卡这个任务，设置五个"阅读圈"角色，通过教师指导和小组讨论，引导学生从不同维度加深对作品的理解，明白好书推荐卡的制作方式，体会阅读、讨论、分享的内涵。

二、学情分析

本节课的授课对象是八年级学生，他们在七年级已经阅读了黑布林英语阅读初一第一辑的其他几本书，大部分学生已经养成了良好的阅读习惯，基本能够适应阅读课的课堂节奏和教师的教学方式，但用"阅读圈"上文学阅读课是第一次，也是第一次尝试做好书推荐卡。

三、教学目标定位

语言知识目标：能对故事情节进行梳理和回顾，了解一些形容人物性格的词汇与表达，学会好书推荐卡的基本制作方式。

思维认知目标：能够通过"阅读圈"的思考和讨论，制作好书推荐卡，提升学生深度思考和用英语表达思想、见解的能力。

情感认知目标：能够从不同角度来赏析一本书，通过对主题的讨论和探索，明白家庭、友谊、责任等不同的主题意义。

四、教学重难点分析

重点：引导学生通过"阅读圈"讨论，概括本书的情节、分析主人公的性格，探索作品的不同主题，并展示好书推荐卡。

难点：如何在短时间内引导学生完成各自角色的任务，并用英语表达自己的观点和看法。

五、教学和学习方法

情境教学法、任务型教学法、"阅读圈"学习法。

六、教学过程描述

Step 1: Lead-in Talented actor

Watch a video about the story.

【设计意图】课前设置"阅读圈"角色Talented actor，通过播放英文短剧表演，帮助学生回顾整本书的故事情节和内容。

Step 2: Before the task The School Book Day is coming. Can you make a Book Recommendation Card（好书推荐卡）for Holly's New Friend?

Think: What can we write on the card?

【设计意图】设置情境，引出任务，引导学生思考，怎样制作一张好书推荐卡，并通过观察封面，完成推荐卡上的一些简单内容，如title, writer, main characters.

Step 3: While the task

1. Plot Person（情节梳理员）: Review the main plot.

Write the number in the boxes according to the right order.

将下图正确排序，在小方框里写上数字。

【设计意图】通过排序活动，迅速把握本书的情节脉络及掌握梳理情节的方法。

2. Reading circles：explore more about the book and finish the recommendation card.

There will be 4 roles in each group:

Discussion leader（讨论组长），Summarizer（总结者），Character analyzer（人物分析员），Theme Explorer（主题探索者）

Discussion Leader（讨论组长）：

☆ guide the discussion and keep it going;

☆ show the Book Recommendation Card;

☆ Vote（投票）for the best card at last.

Summarizer（总结者）：

summarize the story briefly in5~8 sentences，including setting（背景），beginning（起因），development（经过）and ending（结果）.

（将总结写在卡片上，并粘贴在大纸上）

This story is about _____
_____
_____
_____

Character Analyzer（人物分析员）:

Questions: What do you think of Holly?
I think Holly is _____ .
On page _____ , it tells that _____ .

（写出2~3个描述词，并写在卡片上，然后粘贴在大纸上。）

Word bank: kind, creative（有创造力的）, brave, positive（积极乐观的）, smart, dutiful（尽职的）, smart, proactive（有行动力的）, crazy, responsible（负责的）, strong-minded（有主见的）, caring, considerate（周到的）, funny, patient（有耐心的）, helpful……

Theme Explorer（主题探索者）:

What can you learn from the book?
1. _____ ;
2. _____ ;
3. _____ .

（找出2~3个你从本书阅读中的收获，并写在卡片上，粘贴在大纸上）

【设计意图】通过"阅读圈"三个角色的设置，引导学生从情节、人物、主题三方面进行讨论。该活动凸显了学生的主体地位，在小组交流和合作中培养提升学生的学习能力和思维品质。

Step 4: After the task

1. Groups show their Book Recommendation Cards.（每组只选择①②③其中一方面来介绍，组长和这个方面的介绍人一起上台展示，可以用以下文字作为介绍词。）

Discussion Leader:

This is our card. We will share a/an _____ book called Holly's New Friend.

① Summarizer:

We like this book because it tells us a/an _____ story. It tells about _____.

② Character analyzer:

We like this book because we think Holly is _____.

On Page _____, it tells that _____, so _____.

...

③ Theme explorer：

We like this book because we can learn a lot from this book.

First, _____;

Second, _____;

Third, _____.

Discussion leader: We hope you will enjoy this book and learn more about it.

2. Discussion leaders vote for the best Book Recommendation Card.

【设计说明】通过各小组展示，以好书推荐卡的形式呈现各小组不同角色的讨论成果。

Step 5: Summary

1. There are one thousand Hamlets in one thousand people's eyes. So why we need to think, discuss and share.

2. Teacher's sharing about animals, family and dreams.

【设计意图】引导学生们多交流、多思考、多分享，教师与学生分享自己对书本的思考，呼吁学生关爱动物、与家人多交流、不怕困难勇敢追梦。

七、板书设计

如图5-1所示左边板书"阅读圈"Reading Circles的角色设置和小组活动成果，右边板书本节课的授课标题和好书推荐卡的基本内容。

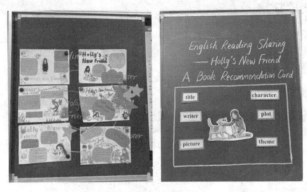

图5-1 板书设计

Fireball's Heart《赤诚之心》文本分析

长沙县湖南师大附中星沙实验学校 肖铮

一、语篇研读

【What】本课语篇是一个富有哲理的小故事，故事讲述了草原上两个领袖关于诚信的一次测试，Chief Strong Buffalo不相信Chief Wise Owl部落的人们从不撒谎。于是，他们决定以半个草原的马匹做赌注，进行一场测试，Chief Wise Owl部落的诚实青年Dark Eyes是测试对象。Chief Strong想利用Dark Eyes最喜欢的马Fireball为自己赢得赌注，于是他请求自己的女儿 Blue Feather帮忙。Blue Feather设计让Dark Eyes爱上了她，并利用了Dark Eyes对她的关心和爱慕，诱骗Dark Eyes杀死了Fireball并掏出它的心。当Dark Eyes面对Chief Wise Owl的询问，是撒谎掩盖事实还是坚守内心良知，成为故事的高潮。在故事的最后，Dark Eyes用自己的行动捍卫了部落的信仰，选择了实话实说。

【Why】故事人物鲜明，故事情节是非对错界限明显。通过Dark Eyes几次遵从本心的选择，可以看出Dark Eyes真诚、乐于助人、善良和诚实的美好品质，作者也希望读者在这个故事里读出隐含的寓意，Fireball是草原最好的马，它被掏出来的心也成为测试人心的媒介。马的心和Dark Eyes捍卫信仰、遵从初心的善良之心，代表着草原Chief Wise Owl部落人们人性共同美好的品质，也是我们人类永恒的美德。

【How】语篇按照典型故事的写法，讲述了两个草原主的一场测试，故事的明线是围绕这个测试，草原青年Dark Eyes所经历的遭遇以及他所做出的选择，故事的隐藏寓意是希望引发我们的思考，这场测试中的Chief Wise Owl部落赢得的不只是马匹，还有经过艰难选择后仍不忘初心的诚实、善良的美德。整个故事分为三个部分：第一部分主要介绍了这个故事的起因，故事发生的地点以及引出我们故事的主人公。第二部分从主人公Dark Eyes的角度，描述了他在草原的经历，因为Dark Eyes不知道这个赌局，所以我们每一个人在读的时候都会很有代入感，好像我们就是Dark Eyes本人，在草原上遇见了自己心爱的人，和她一起分享自己的生活，并为了治愈她杀掉了自己最爱的马，作者用了很多表示心情和动作的词来形容Dark Eyes这段时间的经历，如happy，worried，sad，like，jump，put...over等。这些词栩栩如生地描述了Dark Eyes这一周经历的高低起伏，让我们读的时候有如身临其境之感。故事的第三部分是揭晓测试的结果，我们的主人翁在历经思考之后，选择了诚实，也传递出作者希望我们读者能获得的正能量。语篇故事完整，脉络清晰，通俗易懂。如图5-2所示。

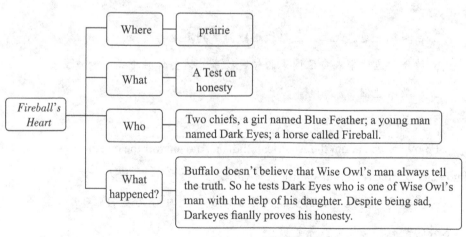

图5-2　《赤诚之心》文本分析框架

二、学情分析

本次参与阅读的学生来自初一年级。他们经过近一年的课后拓展阅读，已经有了较好的阅读习惯和素养。《赤诚之心》全文8000多字，学生分为四次，约两个星期完成阅读。在此次第二次课时，"阅读圈"学习模式贯穿全程，学生阅读兴趣浓厚，熟悉gallery walk，SSR，Reading Circle等小组合作学习策略。

三、教学目标

学生在阅读课结束后，应该能够达到以下目标。

1. 在默读阶段，能基本理解故事脉络，完成整本书阅读；

2. 按照"阅读圈"任务单，基本完成角色任务；

3. 能大方、主动地分享个人任务成果；

4. 能对他人观点提出疑问或较为流畅地用英语表达有针对性的个人观点。

四、教学重点、难点

教学重点：

1. 能明白"阅读圈"个人任务并自主完成；

2. 能较为流畅地表达个人任务成果并收获他人观点。

教学难点：

1. 限时完成"阅读圈"任务，消化生词、难句后，较为流畅地表达个人观点；

2. 在深挖主题意义上，用单线思维简单判定是非对错；

3. 结合身边故事或自己国家的传统故事，体会作品中的隐喻意义。

五、教学过程

初步了解北美印度安文化。

Enjoy a video about the American Indian. And answer the question. What do you know about American Indians from the video?

学生能建立对北美部落文化其基本印象，人可能来源于哪里？部落产出什么农作物？有哪些历史？等等。

学生明白任务单及要求并接受"阅读圈"任务单

Students work in groups of five, read the story again and each undertakes one of the following tasks. Teacher offers help and monitor the class.

学生乐于接受甚至挑战不同难度的任务，在完成过程中，积极主动上网寻找相关信息。

在规定时间内，学生自主独立完成任务并能为接下来的分享做准备。

Discussion leader

Task1: organize the discussion.

Task 2: give 5 questions.（3 details and 2 critical）

Word master

Task1: find 5 new words and explain them.

Task 2: find the topic words or phrases and tell you why choose them.

在任务单驱使下，学生能独立自主完成阅读任务。也在为接下来的分享展示做积极准备。

Passage person

Task: find long or difficult sentences and explain them.

Connector

Task What do you learn from the story? Can you tell us something about our culture or country?

Summarizer

Task: Retell the text in a short summary（one or two minutes）in your own words.

通过借鉴Gallery walk这种欣赏油画的形式，学生可以自由表达和聆听别人的观点。

Gallery walk

They can walk to the wall freely to answer the questions. And they can get other's opinions easily.

相较于在自己座位分享想法，学生更喜欢自由移动分享和倾听其他人的想法。在自由走动的过程，也是思维活动火花碰撞的过程。

根据思维导图，复述故事框架，整理思路。

带着任务阅读，并进行小组交流。在各自任务结束后，又可以得到更多角度和维度的想法。学生乐于用这种形式参与阅读。让阅读隐形的思维活动，可以显性分享。

The teacher summarize the sharing of this class.

六、板书设计（如图5-3所示）

图5-3　板书设计

第三节　"阅读圈"阅读模式的教学反思与总结

一、总结

设置读书分享会的情境，并以校读书节制作好书推荐卡为主要任务，教学目标明确，学生任务达成度较高，并学会了如何推荐一本好书。以学生表演视频导入，不仅带领学生回顾了整本书的主要情节，而且吸引了学生的注意力，激发了学生的学习兴趣。利用"阅读圈"的教学路径，任务明确，学生参与度较高，课堂气氛活跃，培养了学生的小组合作能力，学生的思维能力也得到了提升。改编剧本，拍摄并剪辑了学生表演视频（原创），添加了字幕、动画和背景音乐。利用了希沃白板软件，制作精美课件，使用蒙层、倒计时等功能，助力课堂教学。板书清晰、美观、重点突出。

二、反思

（1）第一次尝试"阅读圈"的学习方式，部分学生还不太熟悉角色，并且讨论仅限于原生组，交流范围还不够大。

（2）学生展示环节，教师做出了评价，但是由于时间有限，评价比较简单，概括、引导不深入，给予的鼓励不够多。

（3）由于教学时间有限，最后展示环节，小组只选取了其中一个角色展示，许多宝贵的分享内容没有体现。如何改善？具体可以从以下几方面去做：①在课内外阅读教学中，大胆尝试探索"阅读圈"教学方式，让学生熟悉不同角色的具体任务，鼓励学生多交流、多分享。②学生讨论和分享时，教师可以多加引导，并更多地给予肯定与赞美。

第六章

初中英语文学体验阅读教学的反思性研究：
成效与改进

　　初中英语文学体验阅读前三轮的行动研究结果显示，在初中阶段英语教学中进行文学阅读是必要的，也是行之有效的。初中文学体验阅读课型和模式也已经初步形成。那么在这三轮行动研究中，我们的文学体验阅读课程研究取得了哪些成效呢？又有哪些方面需要改进呢？本章将从这两个方面进行反思，以期能够更好地开展初中英语文学体验阅读教学实践。

第一节　前三轮行动研究的初步总结

　　在英语学科核心素养的指导下，通过前面三轮的行动研究，我们初中英语文学体验阅读取得了较为明显的成效。文本选择方面，从最开始的热门但是稍难的文学著作，如《书虫》系列文学读物、《夏洛的网》、《圣诞欢歌》等，过渡到符合初中生年龄特点和学科难度的黑布林、黑猫系列读物，文本选择经历了热门性和盲目性、趣味性和针对性、科学性与客观性等特征。而我们的课型也从教师带领学生精读的三种课型（读前导读课，读中精读课，读后分享课），发展到精读、泛读相互结合、线上、线下并行、教师导读和学生导读齐上的形式。对文本的解析也从单一走向多元，如"阅读圈"合作阅读模式的运用，促进了学生批判性思维能力的提升。

一、促进了英语核心素养目标的落地实施

《义务教育英语课程标准（2022年版）》强调英语课程理念要落实立德树人，强调英语学科的育人价值，要发挥核心素养的统领作用。英语课程要培养的核心素养包括语言能力、文化意识、思维品质和学习能力等方面。

英语学科核心素养的语言能力包括用英语进行听、说、看、读、写、思。通过前三轮行动研究发现，英语文学体验阅读通过激发学生的阅读兴趣，带领学生通过阅读、讨论、复述、读者小剧场、读后续写、绘制手抄报、完成读书卡、制作并拍摄学生自己的导读视频等方式，实现对学生英语听、说、看、读、写、思能力整合的训练。例如，在行动研究的第一阶段探索出来的两种阅读方式，教师在课堂中带领学生朗读或者持续默读、图片环游、复述故事、角色扮演等，学生从阅读文本、理解文本、加工文本，到内化文本后再形成自己的语言，并将其表达出来，发挥出英语语言"听"和"说"的能力。而在第二轮的行动研究中，在课堂之外或者线上阅读，学生通过阅读每个章节，完成章节Harvest Book或者章节手抄报等形式的读书笔记，使得自己的阅读成果可视化。而在此过程中，学生通过摘抄好词好句并陈述理由，对文体进行提问并回答，还有学生发挥自己绘画特长给章节配画，小组合作进行文本情景剧表演，通过改编文本成戏剧语言，布置场景并进行编排，等等，"用"英语来展示阅读成果。当然第三阶段运用"阅读圈"的模式进行文学阅读，学生英语学习的自主性得到了更大的提升。还有学生自己制作导读课件并拍摄导读视频，一方面提升了学生"用"英语的能力，"用"英语解决阅读问题，另一方面学生自己的导读带读更加可以激发了其他学生的阅读兴趣，形成更深层次、更有乐趣的阅读体验，提升语言能力。

英语课内阅读教学在对学生文化意识的培养方面还是具有相对局限性，如挖掘文本文化主题碎片化，形式也比较单一，缺少层次性，等等。在学生文化意识的培养中，课本教学很多时候是文化感知和浅层次的文化比较，而要上升

到内涵和成因探究，单纯采取文字讲解或者视频图片展示是单一的。在这种情况下，英语文学体验阅读则极大地弥补了这些缺陷。英语文学体验阅读书目选择多为经典名著改编或者当代原创作品，开阔了学生视野，有利于学生深入探究主题意义，通过教材的浅层文化意识培养迁移到整本书阅读的深层次文化理解，增强文化情境体验，最终落实到文化行为和文化价值层面。

例如，在教授人教版九年级全一册英语教材第二单元 I think mooncakes are delicious中Section B 部分时，阅读的文章是A Christmas Carol概要版，而在第一轮行动研究中，李等均老师带领学生读书虫版《圣诞欢歌》，深化了小说的文本理解，从整本书阅读的角度领悟文本主题——圣诞节的意义在于传播爱和欢乐、与家人团聚等。那么这和我们中国传统节日，如Section A 部分讲的中秋节的意义殊途同归。但是，如果单纯地从课本阅读出发，讲授这种主题文化意义，则没有带领学生阅读整本书的文化体验感强。

在文学体验阅读过程中，对学生的思维能力的培养是贯穿始终的，如在文学阅读的第一课时读前导读课中，学生从长期储存的知识积累中提取和文学阅读话题相关的知识，对文本进行概括、梳理，形成初步理解，构建阅读框架，借助已有知识进行预测，将获取的新知识加以判断并做合理推断，初步培养基础思维能力，如学生的识记能力、观察能力、理解能力，为之后高阶思维能力的发展奠定基础。在读中精读课，通过对文学作品的语言、人物、情节进行分析，在字里行间分析文学作品中人物的性格特点，在文本中探索主题，明白作者的写作意图，表达自己或感同身受或不尽认同的观点，提升应用、分析、联想、归纳等批判性思维能力。在读后分享课中，学生根据文本整体内容和前期的阅读活动，链接生活实际，对故事的发展走向做出合理推理和预测，发展学生的创造性思维能力。

在文学体验阅读过程中，学生的学习能力得到了明显提升。首先提升的是学生的阅读能力及阅读的广度和深度。文学阅读复现教材中出现的词汇和句型，巩固和迁移了课堂阅读；同时在阅读中，一些新增加的词汇是我们教材中不易出现或者极少出现的，学生通过查阅工具书，或者结合上下文进行推测和理解，提升了阅读效率。其次，学生的英语自主阅读习惯得到培养，如通过有指导性地制订阅读计划，根据个人阅读计划进行阅读，做相应的阅读摘抄，使得课后英语阅读具有可行性。更为重要的是，学生在文学阅读中，会主动运用学习策略拓展阅读，并根据不同阅读内容调整阅读策略，为高中阶段的英语学习打下基础。尤其在第三轮行动研究中，"阅读圈"模式阅读，有利于学生自主组织和监控阅读活动，通过讨论、合作等形式，自主完成阅读，形成真正意义上学习能力的提升。

二、形成一套科学的英语文学体验阅读课程体系

在这三轮行动研究过程中，我们在英语文学体验阅读上形成了一套科学、行之有效、可供参考的课程体系。

在这三轮行动研究中，我们探索出来的三种课型：读前导读课、读中精读课、读后分享课。而我们最先研究出来的文学体验阅读课型，是在疫情防控期间开发的The Little Prince《小王子》整本书27个章节的导读课，包括导读课件、导读教案和导读视频，均发布在我们的公众号上。The Little Prince《小王子》系列课程，从每章的简介，到章节情节概括，到人物性格分析，到语言特点赏析，皆形成了固定但又有章节特色的导读课精读模式。

读前导读课，不仅仅在阅读之前介绍名著，激发学生的阅读兴趣，还注重引导学生做好阅读规划等，以"导"贯穿名著阅读的整个过程，通过巧妙设计学习活动引导学生关注名著的特点，在学生出现阅读障碍或者理解偏差时给予点拨。因此，英语名师工作室公众号后续发布的导读课例，如李盼老师在市教研活动中的公开课课例The Fisherman and His Soul《渔夫和他的灵魂》，银洁老师的Beauty and the Beast《美女与野兽》，文姿波老师The Secret Garden《秘密花园》整本书导读课，以及黑猫系列文学阅读导读课，皆立足学生的阅读实践，对学生进行过程指导，把"导"融入学生的阅读分享、交流、探究等活动中，发挥以导促读的作用。

导读课是我们开发资源最多、课型探索最为成熟的课型。在第三阶段的行

动研究中，我们还开发了学生导读系列课程，完成了从教师导读到学生导读的蜕变。在指导学生导读的过程中，除了导读课件本身的设计制作外，教师还要对学生信息技术能力，如录制等进行相应的监测和指导，于学生而言，这是一种全新的尝试，真正做到了自我学习和进行阅读分享，实现学生主体的文学体验阅读新模式。

读中精读课，我们以郭燕老师Peter Pan第五章精读赏析公开课课例开启了精读课型探索之旅。通过学生自导自演的课本剧回顾前面的章节，到本章节的视频和图片环游导入，预测本章内容；再到学生课堂默读领悟文本，在教师的带领下层层剖析文本，更是引入STEAL模型，即通过speech语言描写，though心理描写，effect on others侧面描写，actions动作描写，和looks外貌描写，到最后以开放性的话题达到让学生已读促写的目的。在文学阅读精读课中，学生将在教师带领下提高阅读能力，加深对文本的理解能力和探索能力，通过对文本细节的深度挖掘，进行是非辨别，思辨文本，从而达到认识世界、思辨世界的效果。

读后分享课是文学体验阅读开展以来，资源开发最为多样化的一种课型。分享课以学生的交流分享为主，是真正检测学生阅读效果的课型。以刘沙老师Fireball's Heart《赤诚之心》为最初雏形，从基本的整书情节梳理、人物分析到语言赏析，学生分组扮演书中人物角色中将课堂推入高潮，最后以联想生活实际给学生带来思考收尾。而后续我们开发的读后分享课，皆来自我们工作室教师获国家级或省级课外阅读优秀课例的资源，在雏形阅读分享课的基础上进行提升和改进，如以促进学生思维发展的"阅读圈"模式，以践行英语学习活动观为理念的设计教学活动，以KWL阅读模式促进学生的课堂阅读转化到课后自主阅读的推进，真正实现了碎片化阅读，达到了整体性分享的效果。

后期开发的系列导读课，读中精读课和读后分享课，最大限度地采用"阅读圈"模式，着重于训练学生的阅读策略，提升学生的思维能力，培养学生的阅读态度和习惯，着力于学生阅读过程中的团队协作能力，尽可能全面地培养学生的英语阅读素养。

三、建立了素养导向的"教—学—评"一体化模式

在《普通高中英语课程标准（2017年版2020年修订）》中，对"教—学—评"一体化是这样描述的：

完整的教学活动包括教、学、评三个方面。"教"是教师把握英语学科核心素养的培养方向，通过有效组织和实施课内外教与学的活动，达成学科育人的目标；"学"是学生在教师的指导下，通过主动参与各种语言实践活动，将学科知识和技能转化为自身的学科核心素养；"评"是教师依据教学目标确定评价内容和评价标准，通过组织和引导学生完成以评价目标为导向的多种评价活动，以此监控学生的学习过程，检测教与学的效果，实现以评促学，以评促教。

这里的"评"是对学生的"学"，教师的"教"进行的评价检验，而不是在以前的教学之后进行，是通过在课堂中体现出来，实现三者的一体化，从而使课堂教学效果和学生终端用户对接，也是对学生学习活动形成性评价的一个重要组成部分。这要求教师的备课具有课程意识，我们的英语文学体验阅读以整本书阅读为蓝本，从课程的总体体系出发，设计课堂，设计课堂的教、学、评。评价不能游离于教学之外，也不能凌驾于教学之上，而是贯穿于、镶嵌于教育之中，成为教学的有机组成部分，与教学活动密切联系，与学习过程良性互动，通过一体化教学评实施促进学生英语学科核心素养的形成与发展。

我们再来看看银洁老师全国特等奖课外阅读优秀课例设计。

这是一堂读后分享课。在导入部分，设置英语读书分享会情境，需要做一张好书推荐卡，那么好书推荐卡是什么样的呢？将学生整节课的产出标准先提前展示出来，即相当于把评价标准给定义下来，后续开展的所有教学活动即围绕这个产出标准进行，包括以"阅读圈"形式开展的情节梳理、书本情节讨论与总结、人物分析、主题探索等，也都是为了输出"好书推荐卡"做准备，这样，除了课堂中教师口头对学生各个环节的随堂评价，这个"好书推荐卡"的评价标准其实是一直贯穿课堂始终的，教师的整个教学过程，以及学生的整个

学习活动过程，也都是围绕这个评价标准而进行。这与我们以往的测试或者考试评价不同，它是一根无形的指挥棒，指导我们课堂教与学活动的进行。

除了课堂中的"教—学—评"一体化教学设计，学生导读的产出也是我们"教—学—评"一体化的产物。学生从课堂中学，把在课堂中激发的灵感带到课下，从接受教师的"教"，转变以"学"为"用"，以获得评价到评价他人、评价阅读文本，真正提升自身的英语核心素养。

第二节 初中英语文学体验阅读的推广

新课程标准的出台，英语核心素养的落地，让我们在初中英语日常教学中有了诸多反思。我们不能再像过去那样，仅仅聚焦于课本阅读。英语教学现在确实不容乐观，带领学生，尤其是初中生，扎实地开展英文文学阅读迫在眉睫。随着时代的发展，我们的教学实践也在不断发展、变化。我们也要追问自己"在今天，什么才是真正的学习？什么才是真正值得学习的知识？我们的学生，将面临怎样的未来？"

而我们的英语文学体验阅读，恰恰能够给我们的追问带来思考。不做功利化的教育，关注学生终身的英语学习，要像语文教师那样，给学生播种"阅读的种子"。这不仅仅是我们一个学生、一个班级，或者一个学校的事，而是一批批学生成长的事。因此，我们充分发挥区域英语教育教研的优势，推广英语文学体验阅读，以名师工作室、公众号、课题、专家讲座等为领地，不断发声，以"线上与线下，课内与课外"相融合的方式，持续发力，持续推动初中英语教师加入初中生英语文学体验阅读的队伍中，做"面向未来的教育"。

一、名师工作室的引领

在区域英语教育教学方面，我们充分发挥名师工作室的引领作用。通过长沙县初中英语名师工作室平台，培养本土英语教师"阅读教育""未来教育"的理念，通过英语文学体验课程的教学案例分享、相关理论讲座的开展，转变我们区域英语教师的英语教育教学观，通过逐步培养一批具有现代化"长线教育"观念的英语教师，带动初中生英语文学体验阅读项目的开展实施，以点带面，以师带生。我们的英语文学体验阅读经历了两届名师工作室教师、学员的培养和项目推广，从最开始的一个学校，辐射到城区的所有学校，推广到区域内私立学校，现在还带动部分农村学校踏上英语文学体验阅读探索之路。

阅读的"输入"过程是一个循序渐进的过程，英语文学体验阅读更是对学生的静心阅读、静心思考提出了更高的要求，但是有了教师的引导和带动，而教师又有名师工作室这个平台的帮助和支持，使得学生的英语文学阅读"输入"更有方法、更有效、更加能够产出学生的阅读"输入"。而在这个过程中，学生不仅有阅读、有思考，更有构建自主学习、自主阅读的过程。

德国卡尔·西奥多·雅斯贝尔斯在《什么是教育》中说：教育的本质，意味着一棵树摇动另一棵树，一朵云推动另一朵云，一个灵魂唤醒另一个灵魂。我们长沙县初中英语名师工作室也正是这样，关注学生的精神世界，通过一群教师的力量，影响学生的心灵，促进学生英语学习良性健康的成长。

二、公众号的运营

在英语文学体验阅读项目推广中，英语名师工作室公众号是我们的另一个阵地。自2019年3月公众号开通至今，共发文100余期，对英语文学体验阅读优秀课例和学校先进经验进行分享，教师优秀导读、学生优秀导读等就有99期，现在仍在持续更新中，其中有科学的英语文学课程体系课例展示，涵盖了《小王子》整本书各个章节的导读学习视频，有黑布林、黑猫英语系列多本经典文学作品导读，精读以及读后分享课例精选，还有来自学生视角的阳光英语分级阅读系列书本导读视频，等等。

通过名师工作室工作号平台，让更多的初中英语教师了解我们的英语文学阅读，让更多的初中英语教师加入我们的队伍中，以我们的资源为依托，致力于在教育中提升学生的英文阅读能力，为学生树立终身学习、终身阅读的学习理念。

三、课题研究的探索

为了进一步研究和推广初中英语文学体验阅读，我们以培养学生核心素养为导向，以课题研究为抓手，由黄英老师主持开展了《核心素养视域下初中英语文学体验阅读教学研究》的实践研究和试点探索推广，进行了如下相关课题研究：

（1）学生核心素养培养对初中英语文学体验阅读教学的需求研究，包括核心素养视域下学生的英语语言能力、思维品质、文化品格及学习能力的需求等。

（2）核心素养视域下初中英语文学体验阅读教学文本内容选择研究，包括文本选择原则、方向、具体内容等。

（3）核心素养视域下初中英语文学体验阅读教学方式、方法研究，包括教师教学、学生学习方式和方法以及阅读课时的安排、阅读量的把握、阅读监控策略等。

（4）核心素养视域下初中英语文学体验阅读教学评价指标研究，包括教师教学评价指标和初中一、二、三年级学生文学阅读应该达到的分级目标的内容、权重以及评价的操作措施等。

通过调查，明确核心素养对初中学生英语文学体验阅读教学的需求，选择有助于提高学生英语核心素养、适合学生目前认知水平的文学阅读文本，运用有别于传统的教师阅读教学和学生学习的方式、方法，制定科学的教学和学习评价指标,提高学生的英语语言能力、思维品质、文化品格及学习能力,提高其核心素养。

四、专题讲座的辐射

自从开启初中英语文学体验阅读之旅,我们紧扣主题,多次研讨,精心设计并组织了多种形式的相关活动,包括每月一次集中研讨活动;优秀课例观摩、展示;课题研究;录像课程学习讨论;公众号推文、发表论文;等等。这些活动取得了不错的成绩。学生在不同的文本中提升了英语学科核心素养,学习兴趣愈加浓厚,学习成绩有较大提升。《夏洛的网》校本课程在实践中得到应用,多篇论文在省、市级刊物上发表,多位教师走出长沙县进行公开课示范交流,我们的学术影响力不断增大。负责人黄英老师多次受邀开展专题讲座。她先后在湖南省长沙市、湖南省浏阳市、广西柳州市、湖南省长沙县、湖南省外语基础教育研究中心、云南省丽江市各县(区)教科中心、市直相关学校英语学科负责人线上会议中进行了初中英语文学体验阅读的相关讲座,具体如下:

2020年11月,在长沙县"国培计划(2020)"送教下乡国培班开展《核心素养视域下的英文名著文学悦读》讲座。

2020年11月,在长沙市中小学第三批名师农村工作站春华中学站开展《基于学科核心素养背景的中学英语阅读教学探讨》讲座。

2020年12月,送教到浏阳市初中英语骨干教师工作坊线下培训开展《如何有效进行英语课外阅读》讲座。

2021年4月,在广西柳州市教育教学初三研讨会上开展《去考纲时代的中考备考》讲座。

2021年7月,在长沙县暑期教师培训"初中英语青年教师研修班"上开展《初中英语教学路上的名师团队成长记》讲座。

2022年4月,在"2022湖南省中小学外语特色教育高级论坛"上开展《初中英语文学体验阅读教学资源开发建设》的主题讲座。

2022年5月，担任新疆维吾尔自治区国培计划"2021地级骨干教师（初中英语）提升研修项目"授课专家，开展《基于新课标的初中英语语法教学》讲座。

2022年7月，在长沙县英语教师暑期主题研修班开展《"三育"视角下的2022年中考英语分析》讲座。

第三节　初中英语文学体验阅读的改进措施

一、问卷调查

1. 前期调查

在做英语课外文学名著阅读之前，我们通过问卷星和微信群分别对松雅湖中学全校英语教师开展了网络问卷调查，从教师层面了解他们对文学阅读存在的困惑及针对性的教学建议；对学生进行了问卷调查，调查和分析以下6个方面的内容为主：①学生体验文学阅读的经历；②学生阅读水平及偏好；③学生的阅读方法；④学生阅读的时间；⑤学生目前在阅读方面存在的困难；⑥学生对英语文学阅读的教学要求及建议。分析得出以下结论：

（1）学生学习能力可以通过文学阅读来提高。阅读即学习，但据我们2019年对七年级411位学生的问卷调查发现：极少的学生每天进行课外英语阅读，三分之一的学生能结合实际情况自主阅读，但是大部分学生比较被动，且学生的阅读习惯不好，很少做阅读记录。

（2）学生的思维品质也可以在文学阅读过程中得到培养。从学生平时阅读的体验情况来看，大部分学生认为自己掌握了基本的阅读方法，能抓住作品的基本结构，但深入解读还不够，阅读较浅，甚至走马观花，深度思考不够。询问学生是否对自己现有的阅读水平满意时，极少学生对自己现有的阅读水平满意。可见，大部分学生还有进步的空间。

（3）学生的语言能力可以在文学阅读中得到更好地提升。一半的学生认为英语文学阅读最大的困难是生词多、句子难、读不懂。更多的学生希望通过文学体验阅读积累更多的词汇，并提高英语成绩。

（4）学生的文化品格可以通过文学体验阅读得到涵养。据调查，有课外阅读习惯的学生中仅一半左右的学生读过1～2本英语读本。从整体上看，学生的英语文学阅读时间少，英语文学作品阅读量小。而我们的英语教材编排主要以功能和话题为纲，英语文化方面的语言材料很少，加之教材已经很久未更新，所以我们需要通过学生感兴趣的文学作品让他们得到西方文化的涵养，并通过中西文化的对比，增强他们的文化自信。教师责任重大，必须想尽一切办法，引导学生多进行英语文学阅读，最终让学生会阅读、爱阅读。

2. 跟踪调查

2017年11月松雅湖中学八年级的英语教师们选择《夏洛的网》，开始指导学生进行英语文学体验阅读之旅。共有24个班的学生参加，1200多名学生在学习日和节假日连续开展阅读活动，到2018年7月，阅读活动已持续8个月，部分班级的学生即将读完这本书。期间，我们英语教师们定期交流阅读活动的情况、心得、方法和收获，及时帮助学生。因此，我们在松雅湖中学八年级五个班级中抽调70个学生进行问卷调查，70份调查问卷全部有效。调查结论如下：

（1）英语文学体验阅读势在必行。从问卷结果可以看出，学生的英语课外阅读面很窄，且资源贫乏。

（2）英语文学体验阅读非常迎合学生的需求。在教师的指导下，学生积极热情地读起了《夏洛的网》。

（3）英语文学体验阅读有利于学生英语学科核心素养的培养。

（4）我们应该科学地选择文学体验阅读文本。兴趣是最好的老师，可以从学生最感兴趣的童话故事开始读。挑选难度适中的读物，特别是新词不要太多。所以我们第二轮选择的黑布林初中系列。该系列对应了教材的核心词汇和语法，比较适合初中生阅读。其中词汇和语法的复现，有利于学生强化记忆、内化课堂知识。

从以上结果可知，英语文学体验阅读非常有必要，中后期阅读效果很好，应该为学生创造条件让他们继续阅读。不过，我们要关注阅读的选材。

通过问卷调查与分析讨论，我们的思路更加宽阔，更加明确了研究的方向与目标，有针对性地根据阅读教与学中存在的问题提出研究对策，找准解决方案。问卷调查不仅适用于研究前，对研究后同样有着举足轻重的作用。通过调查学生学习及教师教学的效果，发现优点、总结不足、推陈出新，促进教师教学效果和学生学习能力的提升。

二、分层评价

1. 我们已经取得的成效

针对核心素养视域下初中英语文学体验阅读教学评价指标的研究，名师团队成员及课题相关人员进行集体研讨，并邀请专家指导，重点研讨教师教学评价指标和初中一、二、三年级学生文学阅读应该达到的分级目标的内容、权重以及评价的操作办法、措施等。研讨前，先由负责该问题的论文撰写者拿出初稿，然后针对问题进行研讨，最后以论文形式成稿。我们现在仅研究出一些对学生的文学体验阅读的评价方式。我们主要采用形成性评价：首先是对学生们的阅读笔记本进行不定期的等级制评价；其次是对学生阅读后的各种产出做一个档案袋式评价，见表6-1，评价的目的在于最大限度地维护学生的阅读积极性。

表6-1　初中英语文学体验阅读档案

School（学校）：＿＿＿＿＿＿＿　　　　Name（姓名）：＿＿＿＿＿＿＿

Title 书名								
Reading log阅读记录	Date日期							
	Pages页码							
	Time时长							

续 表

Vocabulary I like 喜欢的词汇（含该词的 音标和汉义）	
Sentences I like 喜欢的语句	
Plot I like 喜欢的情节 Characters I like 喜欢的人物	
Thinking and questions 思考和提问	
阅读效果及自我评价	□Difficult but I succeed. □Easy but I can learn something. □interesting and useful.

同时，根据问卷调查了解学生阅读情况，结合教学实际，我们采取降维理念，要求初一上学期学生能读懂黑布林系列英语的小学E级系列；初一下学期学生读懂黑布林系列英语的初一级别第一辑系列；初二年级学生能读懂黑布林系列英语的初一级别第二、三辑系列；初三年级学生读懂黑布林系列英语中的《小妇人》和黑猫系列英语中的《野性的呼唤》。有时候，我们也会用书面考试的方式，来评价我们的阅读。下面是我们进行书面考试的一个文本范例。

Once upon a time, there was a man who lived in a big house with his three daughters. The youngest daughter was beautiful and kind. Her name was Beauty.

One day, the man would go to the city. He asked what presents his daughters wanted. Beauty said she just wanted a rose.

The man saw a castle on his way home and there are lots of roses in the garden. So he picked one. Suddenly, a big ugly beast came. "You can give the rose to your daughter, but she must come here and live with me." he said.

The man kept his words. The beast was kind to Beauty. Every evening, Beauty had dinner with the beast. They talked and read stories and were happy. He gave her a magic mirror. In the mirror, Beauty saw her father was ill. She went back home to —— her father. But finally, she still came back to the beast. When Beauty said "I love you" to the beast, the beast wasn't ugly. He was a handsome prince!

1. （　　） What present did Beauty want?

　　A. Clothes　　　　　　　　B. A rose

　　C. A mirror

2. （　　） What does the underlined words mean?

　　A. 看　　　　　　　　　　B. 责备

　　C. 照顾

3. （　　） What did the beast give Beauty?

　　A. Stories　　　　　　　　B. Dinner

　　C. A magic mirror

4. （　　） Finally，the beast became a _____.

　　A. prince　　　　　　　　B. ill

　　C. beast

5. （　　） Which of the following is NOT true?

　　A. The beast was ugly but kind.

　　B. Beauty was afraid of the beast because he is ugly.

　　C. Kindness is more important than beauty.

2. 有待改进之处

英语教学要强调以学生为主体，既要面向全体学生的基础目标，又要尊重个体差异，使课程具有一定的选择性。作为实施因材施教的有效途径，分层教学是为满足多元学习需求的个性化教学，而分层评价是分层教育的一个重要环节，也是教育改革的重点之一。最核心的理念是改变传统课程中以考试定终生的终结性评价。在文学体验阅读过程中，虽然重视形成性评价，也考虑了使用降维理念来满足更多学生的阅读需求，但是忽视了分层评价。

英语学科本身就存在学生语言基础不一、语言能力差异较大的特点，加上学习的情境性、互动性，分层教学更是必要的，分层评价也变得尤为重要。教学评价的实质就是对学生学习效果和发展潜力进行整体评判，评价的目的是激励学生，引导学生有针对性地加以改进和优化学习过程，以评价促发展。

怎样在阅读教学中结合不同层次学生的学情、学习能力、基础水平，实行分层级评价模式，更大程度地维持学生的学习积极性，提升学生的英语能力，有效提升不同级别学生的英语核心素养，这是一个需要我们继续努力研究和解决的问题。

三、课内外阅读融合

阅读有道，万道可达。在我们已有的研究中，我们所实践的课外名著阅读与课内阅读基本是分离开来的。然而我们发现，课内外阅读融合教学是新课改时代背景下提出的新要求，也是教学实践的迫切需要。

随着《普通高中英语课程标准（2017年版2020年修订）》和《义务教育英语课程标准（2022年版）》的相继发布，确立了以立德树人为根本任务的英语课程性质和课程理念，对课程内容和教学方法提出了新要求，对单元教学的整体性和实施单元整体教学也提出了新要求，明确以核心素养为导向，突出培养学生适应个人终身发展和社会发展需要的正确价值观、必备品格和关键能力的课程育人价值。在此背景下，深入探索主教材与阅读教材、课内与课外相融合的课内外阅读融合教学模式，体现单元教学的整体性，成为广大语言学专家和教师研究的新课题。

从现实角度来看，英语教学局限于课本是有局限性的，课内外阅读融合教学可以打破课堂教学的这一局限性。一方面，现行使用的英语教材中对话和词语的表达并不像原版图书一样原汁原味，如果拘泥于课本，缺少对原汁原味英文环境的感知，必然会影响学生在真实语境中语言表达的准确性。另一方面，我们使用的教材内容虽然紧紧围绕英语课程标准中24个话题展开各单元的内容，但其内容的深度和广度也受到课标中列出的1500个考核词汇的限制，不能触及学生的内心世界，无法真正帮助学生构建英语思维。课外阅读材料题材更广泛，内容更新颖，可以调动学生的学习兴趣，开阔其视野，丰富其生活经历，也能让学生了解到更多的外国风土人情、传统习俗、生活方式、价值观念等，提升学生的跨文化意识和人文素养。

2021年下学期，我们团队子课题组通过分析教学现状和学情，研讨阅读教学策略，初步尝试了两条课内外融合阅读教学思路：一是精心设计高效的学习任务单，二是教给学生科学的阅读策略，以不变应万变，教会学生独立自主地进行阅读。

在带学生阅读黑猫系列英语小学E级*Snow White and the Seven Dwarfs*《白雪公主和七个小矮人》时，基于学科核心素养，我们根据生活情境、文本情境、主题情境，结合教材所学语言点和语法知识，分别有针对性地设计了基础性作业、实践性作业和拓展性作业。一方面，通过制定reading plan sheet培养学生良好的阅读习惯，指导学生有计划地阅读课外名著；另一方面，通过开展查字典比赛，自制picture dictionary等活动，培养学生良好的学习技能，提升学生的学习兴趣，尽可能地调动不同学习水平学生学习的积极性。

根据课外选读文本的内容及文体特点，结合人教版七年级下册英语教材的重点语言知识，如一般过去时、特殊疑问句等，我们设计了不同类型的课内外结合的作业，以学习任务单的形式使学生有计划地完成。

（1）基础性作业：找出整本书的动词过去式，复习一般过去时中动词的变化规律。

（2）探究性作业：以小组为单位，学习和总结目录的格式要求，根据整本书的情节设计目录。

（3）探究七个小矮人名字中的形容词最高级，并总结形容词最高级的变化规律。

（4）查找相同颜色词语在不同语言中的不同文化内涵，并写出自己的体会。

（5）实践性作业：运用英语趣配音进行《白雪公主》主题的配音。

通过这种课内外结合的体验、实践、参与、探究和合作的方式，学生的学习兴趣得到了很大的提高，获得更多语言实践的机会，但是这种结合并不是真正的课内外阅读融合，还存在很大的局限性。在今后的阅读教学中，我们还将认真探索课内外阅读融合教学模式，尝试从作家、作品、文体等多个角度促进课内外阅读融合，实现课内外阅读的有效联结。

第七章

结　论

　　《义务教育英语课程标准（2022年版）》规定了英语课程的性质，指出义务教育英语课程体现工具性和人文性的统一，具有基础性、实践性和综合性特征。学习和运用英语有助于学生了解不同文化，比较文化异同，汲取文化精华，逐步形成跨文化沟通与交流的意识和能力，使他们学会客观、理性地看世界，帮助他们树立国际视野，涵养家国情怀，坚定其文化自信，形成正确的世界观、人生观和价值观，为他们终身学习、适应未来社会发展奠定基础。英语文学阅读正是以优秀的名著语篇为载体，进行主题意义的探究，在理解和表达的语言实践活动中，发展语言能力；在自主阅读和合作探究中培养学习能力；在用语言解决生活实际问题的过程中发展思维品质；在体验阅读、潜移默化中培养文化品格。整个文学体验阅读过程就是语言学习和核心素养发展的过程。

　　本研究基于一线英语教学，长达4年之久，在理论和实践上都取得了很大的成就，也给当地学校的初中英语教师们提供了宝贵的学习资源，产生了很大的影响。简单回顾这几年来的文学阅读教学行动研究，我们有成功，也有不足，未来我们会继续努力。

第一节　初中英语文学阅读教学的策略和方法

一、文本选择

在我们的文学阅读教学中，最基础的，也是最关键的一步就是文本选择。阅读文本的选择必须最大限度地发挥学生的主观能动性。同时，文本质量也是决定阅读效果的关键。

学生是活生生的真实个体，有自己的喜好、情感和志趣。所以，我们非常重视从学生的实际情况和需求出发，选择贴近学生生活，选择在他们原有生活经验基础上，能够激发其兴趣和阅读欲望的文本。我们在第一轮和第二轮的实践操作中，通过严格的调查问卷和行动研究，选择了能够满足初一、初二及初三学生心理需求的读物，如初一我们选择《夏洛的网》，它讲述了小猪威尔伯为了躲避人类的捕杀，同蜘蛛等朋友们齐心协力、想方设法躲避灾难的故事。初一新生正处于尽快适应新环境、结交新朋友的阶段，此书正好满足了他们的心理需求；初二我们选择了《老人与海》，讲述的是一位老渔夫同巨大的马林鱼在海上搏斗的故事。这个故事篇幅不算长，大部分学生都阅读过中文版本，对故事情节比较熟悉，阅读时学生刚好迈入初二，已经适应了初中生活，对初中生活的新鲜感已褪去，学习积极性持续降低，越来越消极和迷茫，恰好这本文学名著主题乐观向上、激励人心，非常适合他们；初三的学生处于人生观、价值观形成的关键时期，在这个快速发展、物欲膨胀的社会里，很多人为了追求物质迷失了自我，于是我们选择《赤诚之心》《绿野仙踪》等有关忠诚、诚信等主题的读物来对学生进行引导，促使学生健康成长。

鉴于文学阅读必须在学生原有知识经验的基础上开展，才能让学生有"跳一跳，摘桃子"的效果，于是在阅读文本的选择上我们增加了难度。我们在第一轮研究时选择了难度比较小的英语绘本与小学英语分级读物相结合的简易文学读本。其篇幅短小，故事概括性强，书本以图片为主，语言基本使用短句，非常适合刚开启文学阅读之旅的学生；在第二轮研究中，我们逐步加大了读本的难度，故事篇幅变长，文字也增加了，采用纯分级读物，但仍然使用改编本，避免了原著难度较大的弊端；随着学生文学阅读能力的提升和其对文学阅读的兴趣愈加浓厚，我们在后期的行动研究中全部使用黑布林系列英语分级原著阅读，学生已经完全能适应。

二、教学模式

到目前为止，本行动研究已经进行了文学阅读各个阶段的调查分析、阅读文本的三轮选择、课型的基本定位和成型、"阅读圈"教学的探索、学生活动及任务单的设计及文学阅读教学的评价等方面的研究。

1. 课型及操作

本研究通过三轮行动研究初步提出了初中英语文学体验阅读在课堂教学中可尝试的课型：读前导读课、读中精读课和读后分享课，并提出了相应的教学策略，即调动学生的阅读热情，进行自主阅读、小组共读、师生同读、合作分享、体验欣赏等。同时，在第三轮行动研究中，又实践了"阅读圈"的操作方法及"教—学—评"一体化的阅读教学操作模式，将本研究的应用性又提上了一个台阶。

读前导读课，教师针对不同作品，以影视作品欣赏、影视歌曲播放等导入形式对写作背景、作者介绍、文本主要章节分布、主要角色及其关系，甚至是第一章内容等进行引导性阅读，激发学生的阅读兴趣，指导其使用阅读方法，并鼓励学生进行接下来的独立阅读，充分发挥学生学习的主动性，使学生在完成任务的过程中逐渐养成摘录要点、资料收集和整合的习惯。

读中精读课，在学生开始走入文本，对文学作品的内容有了一定了解之后，教师和学生共同挑选出精彩而又具有代表性的章节进行共同赏析。解读作品内容，分析人物性格，挖掘作品内涵，探究作品寓意，欣赏语言魅力，升华情感体验，最终培养学生的思维能力。

读后分享课，完整地读完文本后，小组讨论，选择一个主题进行任务展示，其中包括撰写展示文稿、制作展示课件或海报，然后进行课堂集中展示和小组互评。有时也可以让小组选取适合表演的章节，改编为剧本，进行角色扮演。这种综合性的展示及表演有助于学生更好地理解作品，同时在表演过程中提升了学生的英语口语表达能力。

基于自主阅读的"阅读圈"操作模式，有助于合作学习和自主学习能力的培养，整个学习过程中，学生成为活动的主人，无论是学习内容，还是学习方式，都采取自主的选择，极大地激发了学生的阅读热情。

2. 学生活动

为了引导学生赏析和内化语言，激发学生的探究兴趣，本研究在课内实践了各种学生活动，如模仿秀（读中赏析课，读后分享课）、读者剧场（role play）、"阅读圈"等，这样诱发了学生的思维，促进了学生的进一步阅读，为不断地语言输出打下了语言和话题的基础。

在课外自主阅读中，同样要求学生通过摘抄、朗读和赏析好句、在段落间写简单评论、画手抄报等方法来夯实基础，培养写作习惯。基础好的学生还可以挑战配音比赛、戏剧比赛和小老师导读视频等。

3. 阅读任务单

与学生活动任务相匹配，就会有一些指导学生用的阅读任务单，如台词、剧本、读书笔记模板、"阅读圈"角色设置等。

三、教学评价

随着新基础教育课程改革的全面推进，新课程理念逐渐深入人心。其中，如何满足新课程改革发展的需要，构建符合素质要求，促进学生成长、教师发展，和提高教学质量的学生学习成效评价，已成为新课程实施中备受关注的热点。新课程背景下的学生学习成效评价观要求突出评价的发展性功能，促进每个学生生动、活泼、主动地发展。

尤其是在学业水平考试之外的英语文学阅读教学中，应对学生进行多方面评价，不仅要评价学生在常规阅读课中的基础知识和基本技能的掌握，还要评价学生在阅读过程中表现出的情感、态度和价值观。所以，本研究恰当地运用了表现性评价、真实性评价、学习档案袋评价、小组合作评价等多种教育评价方式来评价学生的阅读成效。同时，实行多主体的评价，强调评价主体的互动与参与等。

本研究在初中文学阅读教学中主要实践的三种评价方法具体如下：

（1）日常即时性评价，包括课堂提问、课堂表演、课后摘抄、角色模仿mini秀等；

（2）假日自主阅读形成性评价，包括章节内容展示（课件+演说）、小组剧场表演、小老师导读视频等；

（3）档案袋表现性评价：以"英语学习档案袋"为载体，通过记录内容评价学生的行为和作品，综合反映学生在认知、情感、态度、价值观等方面的发展状况。包括课堂表现类（即小组讨论活动真实性记录与小组成员参与课堂教学活动评价—小组英语学习档案袋）、研究性学习类（即小组对阅读课相关话题开展研究性学习时所负责收集的素材、相关的文字记录和研究性学习成果—小组英语学习档案袋）以及反思性学习类（即小组成员在整个阅读课文学习过程的学习反思和自我评价—个人英语学习档案袋）等。

第二节　初中英语文学阅读教学的研究和创新

本研究选题来自一线教学中教材文学选读单元的设计，研究的目的是服务一线教学，提升教学效率。在初中英语文学阅读教学这一主题中，很多教学理念及教学方法与课标相符合，且走在了新课标发布之前，具有一定的创新性，主要体现在教学理念的创新、教学内容的创新以及教学方式的创新。

一、教学理念的创新

四年多的英语文学阅读教学在多所初中的实践，不仅大大提升了学生的语言能力，而且使学生的学习态度也发生了很大的转变，越来越多的学生从课堂英语阅读延伸到了课外自主阅读，学习能力大大提升。而且，学生会不自觉地把文学作品中的文化、价值等运用到日常的谈话中，这就是隐性的文化熏陶，润泽了学生的精神生命。所以，文学阅读教学尝试把发展学生的核心素养作为教学目标，在初中英语课堂中以文学作品阅读为抓手，探索培养学生英语语言能力、学习能力、思维品质和文化意识的途径。

二、教学内容的创新

从人教版新目标英语八年级下册Unit 8 Have you read Treasure Island yet 得到灵感，本研究开始试图探索将教材之外的文学作品带到课堂。刚开始，我们采用难度较小的文学绘本来更新和补充教材。一来与时代同步，与世界接轨；二来回归经典，寻找人类的精神家园。经过三轮的文本选择和调整，我们找到了符合学生学情，而且主题基本和教材相适应的文学读物。这样不仅改变了教材更新慢，内容缺乏经典、完整文学语篇的状况，也满足了学生对经典文学的需求及不同学情学生的实际需求。

三、教学方式的创新

传统的阅读教学，教师不仅着眼于教材的零散语篇，而且只注重知识点的灌输和文章意思的翻译。学生活动也只局限于书面的语法练习、阅读理解习题以及一些机械的翻译练习。而本研究倡导的文学阅读则是基于师生之间及学生之间的一种自主、体验式阅读，是一种平等的互动与交流，特别是同伴之间的合作与交流。在这种阅读教学模式中，学生从被动地接受信息转化为阅读的主体，对待阅读文本也从"完成任务"转化为"享受、参与"。特别是本研究第三轮"阅读圈"的操作方式，如自主阅读、合作探究、小组展示等，已经走在了促使课标新理念落地的第一步，并且在阅读选材和学生自主阅读活动开展等方面进行了探索性研究，在结合教材和学校学情及学校资源的过程中实现了合理的创新。

第三节　初中英语文学阅读教学
研究的不足和前景

一、研究的不足

我们深知仅靠4年对初中英语文学阅读教学的实践和探索，要想改善文学阅读在初中英语教学中的状况，尚有各地政策、师资力量、教学资源等多方面的困难，尤其是广大英语教师的教学观念难以改变。但是，我们坚信文学阅读教学的前景是美好的。尽管由于我们团队研究人员的理论水平有限，本研究还存在一些不足，但这只是一个初步尝试，随着研究的深入，以及实践经验的丰富，本研究一定可以取得更大的理论和实践成果。经过我们团队的反思和总结，本研究的不足主要包括以下三个方面。

（一）文本选择的不足

虽然本研究按照学生在不同成长阶段的需求，在文本选择上做了多次调查和实践，也根据学生英语基础在读本难度上做了适当调整，但是在文本选择这个关键环节，为了适应现阶段义务教育新课标及新课改的要求，还有一些不足，需要探讨更好的处理方法。其一，在文学阅读选材中，为了追求英语语言的原汁原味，我们一般都选用了西方文学作品，而对介绍中国文化的英文著作没有涉及，更没有将中西方文化比较的作品纳入阅读教学范畴。在增强学生的文化自信，使学生学会尊重和理解多元文化，以及用英文传播中国优秀文化的培养目标上还有所欠缺。其二，文学阅读的选材主要局限于文学作品，对于适应现代社会发展的，如报道、评论、申明、演讲以及美文等体裁还可以适度拓展。

（二）教学模式的不足

本研究对初中文学阅读教学的课型进行了基本定位，对课堂教学模式、学生课外自主阅读方式、"阅读圈"的角色设置和操作、学生活动及任务单的设计等方面都做了尝试和实践，但针对城乡不同学校、不同年级或者不同基础的学生如何建立多层次的阅读课堂还缺乏研究；文学阅读注重让学生学会语言运用、理解作品内容及分析人物角色，虽然在第三轮的"阅读圈"实践中有"Life Connection（联系生活）"的任务设计，但由于学生，甚至教师的语篇挖掘能力还不够，不能将作品的思想用于现实，因此离真正实现"立德树人"的英语教学总目标还有一定的距离。

（三）评价方式的不足

自新课标发布之后，对英语教学的"教—学—评"一体化的研究就接踵而至，本研究也力图在初中英语文学阅读教学过程中对学生的学习效果评价上拿出一些量化方案，但始终还是只停留在了分数、档案袋等一些比较虚的东西之上，对学生阅读兴趣增长的量化数据也只能依靠调查问卷获得，对于过程性评价的方式、学生作品及表现等评价参数还有待进一步优化。

二、研究前景

依照英语课程标准对学生核心素养培养的强调，及现阶段新的育人观，在初中开展文学阅读教学前景广阔，主要体现在英语文学阅读对学生语言能力、文化意识、思维品质和学习能力这个四个素养的促进作用方面。

首先，新课标对语言能力界定的核心词是"理解和表达"，能力表征是"听、说、读、写、看"。而构建这些能力的基础是大量的优质语言的输入，在我国，"读英文"是学生接受地道英语的主要途径；同时，英语文学作品，可以使学生在不知不觉中形成良好的语言意识和语用意识，从而提高语言能力。

其次，"文化意识是指对中外文化的理解和对优秀文化的认同，是学生在全球化背景下表现出的跨文化认知、态度和行为取向。"文学作品本身就是社会文化的重要表达形式。每一部作品背后就是一个民族。英语文学阅读可以让学生穿越时空去遇见不同时期、不同国度的文化，从而培养文化意识。

再次，思维品质指思维在逻辑性、批判性、创新性等方面所表现的能力和水平。文学本身就是一个想象的世界，有利于激发学生的想象力；文学作品中人物关系与冲突、事件的因果关系与发展、角色性格变化等都有利于学生在阅读和理解中提升自己的推理、判断等逻辑思维。

最后，学生文学阅读与学习能力的提升就不言而喻了。自主阅读和合作探究不断训练学生的学习能力，助推学生成为学习的主体。一方面，完整的文学阅读有利于激发学生的阅读兴趣和培养其阅读习惯；另一方面，要读懂语言地道的文学作品也需要学生运用和发展各种学习策略。

总之，在初中开展英语文学阅读教学是一条让学生"善学乐学"英语的有效途径，我们坚信，尽管困难重重，但是前景美好！

参考文献：

［1］ALSHAMMARIL H A，AHMEDL A E，SHOUK M A A. Challenges to studying English literature by the Saudi undergraduate EFL students as perceived by instructors［J］. English language teaching，2020（3）：8-19.

［2］王蔷，敖娜仁图雅，罗少茜，等.小学英语分级阅读教学：意义、内涵与途径［M］.北京：外语教学与研究出版社，2017.

［3］崔刚.阅读的层次与课文教学［J］.基础教育外语教学研究，2013（2）：3-6.

［4］崔允漷，夏雪梅."教—学—评一致性"：意义与含义［J］.中小学管理，2013（1）：4-6.

［5］程朝翔.中国孩子不妨多读"莎剧"［N］.羊城晚报，2012-03-15.

［6］范淑华.基于英语文学的高中英语阅读能力培养实验研究［D］.上海：华东师范大学，2006：19-52.

［7］郭翔.英语阅读教学中落实文化意识培养目标的实践探究［J］.中小学外语教学（中学篇），2021（2）：39-43.

［8］黄少珠.高中英语文学阅读"持续默读"教学模式建构［D］.福州：福建师范大学，2012：11-13.

［9］黄源深.多读多写——英语学习谈［J］.外国语，2002（6）：13-17.

［10］黄远振，黄睿.中学英语文学体验阅读：理念与策略［J］.中小学外语教学与研究，2012（6）：10-13.

［11］何泽.高中英语文学阅读教学行动研究［M］.武汉：武汉大学出版社，2019.

［12］IKLC, TARAKCIOGLU AZ. Investigating problems of English literature teaching to EFL high school students in Turkey with focus on language proficiency［J］. Journal of Language and Linguistic Studies，2017（2）：82-95.

［13］中华人民共和国教育部.普通高中英语课程标准（2017年版）［M］.北京：人民教育出版社，2018.

［14］中华人民共和国教育部.义务教育英语课程标准（2022年版）［M］.北京：北京师范大学出版社，2022.

［15］KHELADI M. Re-thinking the practice of teaching literature to enhance EFL students'civic skills：an Algerian perspective［J］. Arab World English Journal，2019（2）：124-135.

［16］李银波.文学视角的英语教学［M］.北京：中国纺织出版社，2018.

［17］王蔷，李亮.推动核心素养背景下的英语课堂教—学—评一体化：意义、理论与方法［J］.课程·教材·教法，2019（5）：114-120.

［18］平阳.推动英语文学阅读的新措施［J］.外国文学，1998（4）：94.

［19］SHUKRAN A R，MANAFL N F A. A critical analysis of Bloom's taxonomy in teaching creative and critical thinking skills in Malaysia through English literature［J］. English Language Teaching，2017（9）：245-256.

［20］VENECIA T R. The difficulties on English literature comprehension for modern language students as USAD language school［R］. Universidad Autonoma de Santo Domingo（USAD），2016：6-9.

［21］王初明. 学相伴 用相随——外语学习的学伴用随原则［J］. 中国外语，2009（5）：53-59.

［22］文秋芳，周燕. 评述外语专业学生思维能力的发展［J］. 外语学刊，2006（5）：76-80.

下 篇

教学总结

第八章

阅读教学策略研究

谈大单元教学背景下初中英语
阅读有效教学策略

冯舜

纵观现如今的英语教学，大单元教学的理念逐渐深入人心，其重要性日益凸显。大单元教学理念强调打破各个单元之间的壁垒，寻找衔接点进行单元间知识点的有序整合教学。笔者结合教学实践，分析了大单元教学背景下初中英语阅读几点有效教学策略，希望对广大教育同行能起到一定的指导作用。

一、读前活动注重知识的回顾整合

读前活动旨在对即将学习的阅读文章内容进行引入，同时扫清阅读障碍，如文中出现的一些生词、新短语、句型等。在这个环节中，如果教师能结合前面所学知识，将不同的阅读语篇有机整合，那么学生对于新语篇的学习将会更加容易上手。比如，在教授人教版英语教材九年级全一册第十二单元Section B关于愚人节的阅读文章时，在读前活动设置时，我们可以结合前面所学的不同节日及其习俗的英文表达来进行引入。这样设置可以让学生温习前面的相关知识，如九年级第二单元Section B万圣节和圣诞节的相关内容就可以进行引入。同时，由于这些节日日期的特殊性，也可以复习七年级上册的日期表达法。虽然日期表达是七年级的内容，但这是很多学生的难点，在读前活动中对这些知识点复习，有利于帮助学生夯实基础，梳理所学知识，从而对新课程产生兴趣。

二、读中活动以任务驱动提升课堂效率

读中活动是整堂阅读课的灵魂，所以教师要精心设计阅读课的读中活动。任务驱动法是近年来非常流行的阅读课教授方法，它要求教师在教授阅读文章时，摆脱传统的翻译授课方式，运用任务驱动策略，让学生在活动中提升阅读技能。常见的阅读活动就是完成表格或者回答问题。教师在设计表格时，要体现层次和逻辑，将文章相同的要素进行归纳，并且在设计填空时要给出范例，以便给学生提供一个参考。尤其是对于基础较差的学生，给出范例后可以大大缩减其阅读难度，从而提升其参与度。教师在进行问题的选择时也要注意把握几个原则：第一，避免有争议性答案的问题。如果一旦有争议，学生就会花时间去纠结争议性的问题，就会浪费课堂时间。第二，避免重复设置考点相同的问题。阅读策略的选择是多样的，阅读能力的培养也应该是多样化的，所以教师在设计问题时也要考虑到位。除此之外，还可以融合竞争机制，设置竞赛类的活动让学生提高参与度。比如，学习九年级第十三单元的Section A的阅读文章*Save the sharks*时，教师可以将拯救鲨鱼这个活动融入课堂教学活动中，设计一个被污染的水池，然后将鲨鱼从水池里拯救出来。这样融合竞争机制的任务驱动教学可以大大提升学生的课堂参与度。

三、精简活动，必要时将教材进行二次重组

教材是学生的学习工具，并不是教师教学的中心。有的章节不太容易进行情境设定，或者有的活动设计不太合理，对学生语言习得的作用微乎其微，那么这样的活动就可以省略。在人教版英语教材中，部分阅读活动的设计是存在一定弊端的，主要体现在以下几个方面：第一，与中考题型不符合。如今的中

考题型阅读大部分以选择题的形式呈现，还有少部分以回答问题和5选5的形式呈现，但课本上的阅读没有选择题这一形式，还有部分题目需要学生填写很长的句子，久而久之，学生对于抓住材料中关键信息点的能力就不能得到充分锻炼，导致分数提不上来。第二，部分阅读活动的语言指向性不明确，没有为单元教学服务。在人教版英语教材中，有些阅读活动的功能性比较弱，既没有提升学生的解题技巧，也没有加强学生对单元语法的理解或者阅读速度的提升，这样的阅读活动对于学生而言意义不大。

针对以上问题，教师可以在必要时进行教材的二次重组。主要有以下几种操作方式：第一，删除拖沓低效的课堂环节，避免浪费时间。如果教师确定某个活动意义和作用较小，删除了也不影响学生的学习效果，可以将其直接删除。第二，改变问题呈现的形式。对于比较好的阅读材料，可以选择性保留，然后利用导学案重新设计题目，可以将其改为与中考题型一致的选择题，也可以改为简单的填词题，旨在提升学生捕捉关键信息的能力。第三，必要时教师也可以跳出教材，自己整合更有实效性的素材进行授课。比如，人教版英语教材九年级第四单元Section A的阅读文章*From shy girl to pop star*，这篇文章旨在让学生掌握used to do的用法，但是题材的选择缺少与生活的联系。为了应对这个问题，教师可以撰写一篇文章，同样是以让学生掌握used to do的用法为目标，以教师自己的生活变化为中心，结合自己的照片、音频、视频等信息技术素材，让学生读起来更具趣味性和亲切感，同时学生参与课堂的积极性也能得到提升。最关键的是，有了具体实例，学生对于used to do的用法一定会理解得更加透彻，掌握得更好。

四、结语

以上就是笔者结合英语教学实践所阐述的几点大单元教学背景下初中英语阅读的几点有效教学策略。作为新时代的教师，我们应该与时俱进，不断探索高效的教学方法，不断更新先进的教学理念。"单元整体教学"理念无疑会让学生收获更多，让初中英语课堂更高效。英语教育同仁们，让我们共同努力吧！

浅谈初中英语"以读促写"教学策略

张志谦

英语阅读是英语学习中一项重要的基本技能，也是学生综合语言运用能力之一。而且阅读是写作的基础，是作文素材和表达方式的源泉。因此，教师要有效利用课本阅读资源，不断改进阅读与写作教学方法，提高学生的阅读能力，为其写作奠定语言基础。

一、丰富课堂阅读活动

在进行写作基础阅读教学时，教师可以设计多元的趣味活动，丰富阅读课堂，激发学生的参与热情，调动学生的积极性。

例如，针对人教版英语八年级上册第三单元的课文，教师可以组织学生开展"火眼金睛"游戏，让学生快速浏览文章，请三位学生对"朋友是否应该一样？"这一问题进行回答，并画出有比较意义的词和短语，再找出自己认为值得借鉴的句子，和其他同学交流。这样的活动设计，既基于阅读，也为写作打下了基础，引导学生注重词、句和篇，将阅读和写作巧妙地融合起来。其次，丰富阅读活动，还应注重"说"的训练，让学生在阅读课堂上真正动起来。尤其对于低年段的学生，教师可以根据文本内容，设计口头复述、情景剧表演等活动环节，让学生能够先说得熟练，从而树立写作的信心。

二、充分利用教材，"以读促写"

充分运用教材，搭建写作支架。人教版英语教材内容丰富、语言地道、目标明确，符合课标要求，所以根据教材提供的文章素材进行"以读促写"，既能够让学生随时有资料可以查询，也能够通过教师搭建的"以读促写"框架帮助学生提升学习的积极性和写作能力。

以九年级第七单元Section B为例。阅读文本之后的2b造句练习，为学生积累了写作所需的语句。3a要求学生结对讨论家里的规矩，并说明对其同意或不同意的理由以及改进的方法。紧接着在3b中要求学生写一则相关内容的日记。教材充分利用了学生的表达欲望和知识积累，为其提供了优质的写作活动。所以，教师不应只在学生写完考场作文之后才进行写作指导，一定要从低年级开始，利用好教材，将写作练习渗透到平时的课堂中。

三、鼓励同主题内容材料阅读，提高词汇复现率

陆游说："汝果欲学诗，功夫在诗外。"对于有限的课堂教学而言，其实还有很多课外途径可以巩固课堂所学。最好的方式就是泛读，即阅读长文本，享受阅读的乐趣，而不再是任务型的信息搜索。泛读，恰恰能为学生认识词汇在不同语境下有不同词性提供机会，也能让学生反复遇到所学词汇，加深理解并巩固记忆。

对于单词的记忆，通过词根记忆法，学生只要掌握词根含义，便可轻松通过词头、词尾的学习推断派生词的读音、词性和词义，从而迅速扩大词汇量。知晓名词加后缀-less可以表示意义相反的形容词，就不难猜到careless，homeless，hopeless，wireless等词的意思。英语中还有其他构词法，如合成法。学生可以在熟悉、单独的两个词的基础上理解和记忆合成词，如bedroom，blackboard，nothing，kind-hearted，overlook等。此外，还有转化法。无论哪种构词法，都可以形成以旧带新、以旧联新、相互渗透的良好记忆循环，提高学生词汇学习的兴趣和信心。

四、注重语篇整体阅读，提升学生的思维能力

注重语篇整体阅读，提升学生的思维能力。教师应注重从整体上把握阅读

文章的中心思想，为写作奠定基础。教师要指导学生使用阅读策略获取文章的中心思想、篇章结构，并能分析作者是如何围绕中心思想展开写作的。我们可以使用思维导图将阅读内容逻辑化、直观化，帮助学生加深理解。我们也可以使用对比法，将文中我们希望学生关注的词汇或语句进行替换，让学生感受差异。

总而言之，在英语阅读教学和写作教学中，教师们首先要充分利用好教材，对阅读资料和写作资料进行有机整合，开展阅读和写作的互动教学。这样将对学生的英语思维能力和养成良好习惯起到很好的促进作用，从而促进学生英语运用能力的全面提升。

智慧教育背景下初中英语阅读教学策略

——以人教版七年级下册六单元Section B 阅读为例

张慕媛

《义务教育英语课程标准（2022年版）》（以下简称新课标）强调英语课程要培养的学生核心素养包括语言能力、文化意识、思维品质和学习能力等。但传统的英语阅读课堂不重视学生核心素养的培养。在知网以"智慧教育"为关键词检索，结果显示研究主要侧重于智慧教育的内涵、技术架构等内容。智慧教育的研究重心还未转移到技术与学科的深度融合方面。因此，本研究致力于探讨智慧教育背景下初中英语阅读教学策略。

一、初中英语阅读教学问题分析

（一）教师在英语阅读教学中的问题

1. 课堂以教师为中心

大多课堂还是以教师的讲为主，以课本为主，忽视了学生的主动性，学生没有积极地参与到阅读中，只是被动地接受教师讲解知识点。

2. 忽视对学生阅读能力和思维能力的培养

有很多教师在讲解课文的知识点和翻译上花费了大量时间，但却忽视了对学生阅读技巧的训练和思维能力的培养。这就使学生认为阅读就只是单纯地理解每一个单词、句子。

（二）学生在英语阅读学习中的问题

1. 课前预习不充分

据了解，我校学生大部分都会在教师的要求下进行预习，但是预习任务通常只是划出文章中的生词，而且这样的预习作业通常都流于形式。

2. 阅读课的积极性不强

由于初中英语教材阅读文章有一定的难度，所以大部分学生对阅读课的积极性没有听说课高。此外，阅读课上教师开展的活动也有很有限，所以大部分学生，尤其是基础薄弱的学生难以全程投入课堂。

3. 不能灵活使用阅读策略

虽然教师在平日的课堂上也会教授阅读策略和技巧，但是所花时间较少，所以学生掌握得更少，灵活使用阅读策略更是谈不上。而且由于课堂上的大部分时间教师都在带学生逐字逐句地阅读，翻译文章，这就导致学生遇到生词的第一反应就去查字典，有一种这个单词不认识就读不下去的感觉。

4. 没有养成英语课外阅读的习惯

据了解，我校能够在课余时间进行英语阅读的学生人数非常少。一方面，学生认为自己的词汇量不够，课外阅读有难度，所以干脆不读；另一方面教师没有激发学生的阅读兴趣，也没有为学生提供适合的课外阅读材料。

二、智慧教育融入初中英语阅读课堂的必要性

智慧教育，即教育信息化，是指在教育领域全面深入地运用现代信息技术促进教育改革与发展的过程。当前，我国教育信息化已进入信息技术与教育教学全面深度融合的新阶段，智慧教育成为教育信息化研究的引领方向。新课标明确指出，"要将'互联网+'融入教学理念、教学方法、教学模式中，深化信息技术与英语课程的融合，推动线上线下学习相结合，提高英语学习效率。"同时新课标也明确了"教师要以语篇研读为逻辑起点开展有效教学设计。充分认识语篇在传递文化意涵，引领价值取向，促进思维发展，服务语言学习、意义理解与表达等方面的重要作用。"

三、智慧教育背景下初中英语阅读教学策略

为解决初中英语阅读教学中出现的问题，教师应当认真学习智慧教育理念，让它更好地服务于阅读教学。所以，笔者特以人教版英语教材七年级下册第六单元Section B的阅读文章讨论智慧教育背景下初中英语阅读的课堂教学策略。

本阅读的主题属于"人与社会"的范畴，涉及子主题"世界主要国家的文化习俗与文化景观、节假日与庆祝活动"。语篇类型为电视报道，语篇内容是以主人公朱辉为主线，以中国的传统节日——端午节为话题。阅读语篇共两段，分别介绍了端午节当天朱辉家人的活动和他在美国纽约寄宿家庭里家庭成员的活动，以及朱辉的感受。主题意义是让学生了解文化差异，知道各个国家有不同的节日，并树立文化自信，感受到"no place like home"。以下是具体的教学策略。

（一）利用问卷星充分了解学情，提升课堂效率

教师在上课前必须充分了解学生，这样才能更有针对性的布置预习任务，设计教学活动。本课教学前，教师先用问卷星设计以下问题。问题一：端午节是哪一天？问题二：人们通常在端午节做什么和吃什么？问题三：人们为什么

过端午节？问题四：世界各地的人们都过端午节吗？问题五：你了解时差吗？问卷星生成问卷后，学生可以很方便地直接扫码作答，结果即时生成，这极大地提升了教师的备课效率，也为学生的预习指明了方向。教师布置预习作业时，不仅可以要求学生画记生词，而且可以让学生根据问卷结果，有针对性地查找与端午节和时差相关的知识，为之后的阅读学习扫除障碍。

（二）巧用微课，激活语篇背景知识

一般微课可以采用万彩动画大师、Focusky、剪映等软件进行制作。本课在调查结果显示学生对端午节的知识了解甚少时，教师事先利用互联网平台收集教学资源，同时结合本课语篇制作端午节微课，接着将其传到班级群中，让学生利用课前时间自主学习。学生可以在观看完微课之后记录自己的疑惑，然后在课上和其他同学交流，以此培养学生自主归纳和总结的学习能力。

（三）营造阅读教学情境，激发学生的阅读兴趣

很多时候，学生之所以对英语阅读课的兴趣不高，主要是因为教师没有在导入环节调动学生的积极性。所以在教学的过程中，教师应当充分发挥智慧教育的辅助优势，通过音视频、图片、数字人、AI主播等形式，激发学生的阅读兴趣。在本课导入时，教师创设以下情境：老师的好朋友朱辉给大家打视频电话了，让我们一起接通吧！这里教师提前让一名男生扮演朱辉录制好视频电话，并设计成微信视频聊天界面，立刻就能吸引学生的注意。且通过朱辉的视频电话提到的时间信息让学生看地图推测朱辉现在在哪个国家，这样设计不仅让学生了解了时差的概念，还训练了学生的推测能力。

（四）利用信息技术，及时反馈随堂练习

在每个阅读环节布置相应的阅读任务后，教师都应辅助信息技术给予及时反馈，这样学生才更有学习动力。例如，在本课快速阅读环节，教师设置了让学生找到每一段主旨大意的题目。题型设置成为选择题降低了难度，让基础较弱的学生也能参与到课堂中，并学会使用重要的阅读技巧：找关键词。学生的答题结果通过平板，或希沃投屏等方式及时上传，以便教师更有针对性地进行讲解。

（五）丰富课堂活动，深入理解阅读语篇

初中阶段学生的注意力很难一直集中，所以教师就必须仔细研读语篇，利用智慧教育手段，设计丰富多彩的活动。本阅读语篇是电视报道，为了让学生身临其境地学习，教师在备课时可以利用智影软件，通过合成人工智能虚拟主播，再导入本文内容，制作成电视报道视频让学生在精读环节观看。这样的形式为学生在真实语境下学习英语提供了更坚实的基础，能够激发其语言学习的兴趣和动机，让他们更有阅读下去的欲望。

（六）补充网络阅读资源，丰富学生的阅读内容

语言学习是要靠大量的阅读积累的，所以如果学生只是阅读了教材中的语篇，那肯定是不利于培养学生英语能力的。由于网络资源众多，学生的价值观又没有真正形成，如果不加强阅读引导，那么可能无法找到适合的阅读语篇。所以教师必须充当好学生阅读引路人的角色，为学生筛选出适合他们阅读的资源。在本课最后教师就在课件上给学生提供一些和端午节相关的语篇供学生阅读，并且根据学生的认知程度分层提供阅读语篇，让每个学生都能畅游在阅读的海洋中。

参考文献：

[1] 杨现民.信息时代智慧教育的内涵与特征［J］.中国电化教育，2014（1）：29-34.

[2] 祝智庭，贺斌.智慧教育：教育信息化的新境界［J］.电化教育研究，2012（12）：5-13.

[3] 陈琳，陈耀华，李康康，等.智慧教育核心的智慧型课程开发［J］.现代远程教育研究，2016（1）：33-40.

[4] 沈红霞.初中英语课堂上结合OKAY智慧教育平台完成对学生阅读能力及技巧的培育［J］.校园英语，2021（46）：158-159.

初中英语阅读教学策略分析

华 珊

一、当前教学中存在的问题

（一）学生词汇量有限，句式结构掌握不好

学生对文章的理解取决于他们对文章所涉及基本词汇知识的掌握，如词汇的含义、短语的含义等。个别的长难句型也会影响其理解的准确性。由于词汇量的局限和对句子结构的陌生，部分学生在阅读过程中存在一定的畏难情绪，总觉得理解文章很难，不愿坚持。

（二）阅读文本选择不够贴近学生的生活

不同年龄阶段的学生感兴趣的主题不一样，甚至不同性别的学生喜欢的主题也不一样。比如，大部分女生更喜欢看童话类的，而大部分男生更喜欢科幻类或冒险类的。如果阅读文本的选择脱离学生的实际生活，甚至是他们不感兴趣的主题，学生就很难体会到阅读的乐趣。

（三）课堂形式较为单一

传统的阅读教学课堂就是教师是讲授者，不断抛出课堂问题，学生回答，形式比较单一，课堂上学生缺乏动力，没有充分发挥学生的主观能动性，其自主学习能力没有得到培养。

二、教学策略分析

（一）传授词汇学习方法，扩大词汇量

首先是传授语音知识，培养学生听音能拼、见词会读的能力，帮助学生

建立"音—形—义"的联系。因此，七年级的学生要系统学习48个音素和5个元音字母的发音，并在日常单词学习中掌握自然拼读的规则。其次，学生应养成词法意识，如词性、构词法、词块等方面的规则意识。比如，在日常单词教学中，教师可总结归纳常见词根词缀的用法，并延伸近义词、反义词和一词多义的用法。词汇学习需要日积月累，层层递进，教师要打破固有的、低效的模式，增强自身的策略意识。

（二）丰富阅读文本

现代语言教学理论认为，阅读教学的目的不单纯是学生要学习掌握语言知识，更重要的是通过阅读获取信息、学习文化、发展阅读技能和策略，为学生终身发展打下基础。学生之间存在各种差异，主要表现在认知方式、学习方式、英语水平、性格特点、情感差异等方面，因此教师在选择阅读材料时要注意难度和多样化。

（三）日常教学中渗透阅读策略

（1）阅读前补充有关背景知识，介绍部分有碍理解的生词，学生有可能猜出的生词要鼓励学生进行猜测。

（2）引导学生根据文章标题、插图和有关信息来预测文章内容。

（3）培养学生泛读和精读等良好的阅读习惯。

（4）为不同层次的学生设计难度不同的问题，同时准备一两个有深度的问题，培养学生独立思考的能力。

（5）提出细节性问题让学生获取有关what，where，when，why，who，how等基本信息，并培养学生根据思维导图复述文章的能力，使他们在写作方面有所积累。

（6）对一些句式较长的文章，帮助学生分析语篇结构和文体特征，围绕文章开展各种形式的口笔头活动，如复述文章、问题讨论、小组合作翻译长难句、角色扮演等，促进其对文章的理解。

（7）鼓励学生用简单的语言表述他们对一些观点的见解，不只是单纯地复述，鼓励学生尽可能流利地用英语说出自己的想法。

（8）培养学生的自学能力。阅读能力不可能完全在课堂上培养出来，应鼓励学生持之以恒地进行课外阅读，指导他们选择合适的阅读材料。读后教师应经常检查反馈，如可以在上课前几分钟让学生用讲故事的形式介绍文章中的主要情节，基础好的学生用英语讲，基础不好的学生可以用汉语讲，以此激发学生课外阅读的积极性。

三、教学形式的创新

（一）合作学习

小组合作学习有利于发挥学生的主观能动性，学生在小组之中展开交流，分工合作完成任务，不仅增强了学生的参与感，而且能有效促进学生思维的提升，在此过程中，学生的阅读理解能力也能有效提升。

（二）游戏教学

英文并非学生的母语，由于词汇量的限制，学生对英文阅读的兴趣并不高。如何调动学生的积极性？教师可在阅读教学的过程中创设基于游戏的教学活动，增强学生的阅读兴趣以及课堂参与度。比如，教师可以根据文本提出一系列难度递增的问题，安排学生以小组为单位进行阅读和讨论，开展挑战赛，让学生通过抢答为组内赢得分数。合作和竞争机制能有效激发学生主动学习的动力。

四、优化阅读评价

阅读评价是指组织学生开展阅读活动后，为学生搭建相应的展示平台，使其能与其他同学分享自身的阅读成果。在此过程中，教师可以对学生的阅读能力有更为深入的了解。学生进行阅读成果展示的过程也是相互交流和学习的过程，在展示过程中也可以锻炼学生的综合能力。比如，阅读任务完成后教师可组织手抄报评比大赛、配音比赛、好书分享、演讲比赛等活动，也可以安排学生自由展示自己的阅读成果，如摘抄分享、读书心得分享等，作品由教师和学生共同做出评价，优秀成果的展示在一定程度上有示范、引领的作用。

综上所述，通过大量阅读，学生能开阔眼界，了解不同地区的风土人情及历史地理等方面的知识，极大地提升他们英语学习的兴趣。初中阅读教学，教师不仅要以学生为本设计不同的教学模式，同时要基于阅读理解能力的培养让学生巩固基础知识、提升自身技能。以学生为主体创设互动教学课堂，从而提高学生的阅读兴趣，促进其阅读能力的提升。

初中学生英语阅读和写作教学结合的策略分析

雷湘源

一、引言

听、说、读、写是英语教学中最为基本的技能。在这四种技能相互练习的过程中，说和写是表达——输出过程；听和读是吸收——输入过程。在此基础上，学生必须做到输入大于输出，这样才会有有效的积累。大量的阅读不仅可以使学生扩大词汇量、增加知识积累，还可以使学生们涉猎更为广泛的文章。通过读写结合，可以发挥学生学习的主体作用，辅助学生英语水平的提高。然而对于处于英语初级学习阶段的初中生来说，英语写作往往相对困难，初中英语写作教学现状很不乐观。因此，针对初中生面临的英语写作困难的现状，本文探讨了"以读促写"写作教学模式对初中生英语写作兴趣和写作水平的影响，并以此为依据，为初中英语写作教学提供一些新建议，以期能提升初中英语写作的教学效果。

二、初中英语写作教学的现状

近些年来，英语教学界在不断探讨写作教学中教师和学生存在的问题。成东、王丽珠通过问卷和访谈的形式对初中英语教师进行了调查。结果显示，在写作教学中教师方面存在的问题主要是教师缺乏写作教学经验；单一的写作教学方式让学生失去兴趣、感到厌烦；不适当的反馈打击了学生的写作信心；教师不能很好地完成教学计划。

在对学生的研究中，杜金榜总结出学生经常出现的写作问题有：语言错误严重；受汉语的影响较大；语篇组织能力弱；一些典型的语言错误反复出现。通过在教学一线长期观察，笔者发现，大部分学生在上写作课时，都表现出厌恶的情绪，在课堂上不积极回答问题；在课后抱着完成任务的心态完成教师布置的写作任务，通常上交的作文并不能达预期效果。同时有一部分学生虽重视写作，但写作难度系数高，而自己的语法知识不扎实，导致作文中的语言错误较多，句式结构混乱。

三、阅读教学和写作教学相结合的一些思考

阅读和写作是不可分割的，笔者认为，若能在教学中将阅读教学与写作教学有机地结合起来，将有助于学生在阅读中获得对语言的感性认识，并通过思考使其上升到理性认识。在此方法的教学实践过程中，可分为阅读—分析—写作三个阶段。阅读，即要求学生读懂、熟读文章；分析，是指对文章中的重点词、句型结构进行分析，最重要的是分析文章的层次结构、谋篇布局等；写作，是指学生将在阅读和分析中学习到的相关知识应用于写作中。因此，针对当前教学中依然存在的片面追求教学成绩、读写分离的教学现象，笔者从以下几个方面提出了对策。

（一）重视阅读中语言知识的输入

阅读是语言知识输入的主要途径，只有确保有足够量的输入，学生才有可能完成输出。事实上，随着信息化活动的不断发展，当前适合初中生学生阅读的材料有很多，除了书本上的文章之外，各种练习册以及试卷上都有体裁多样的阅读材料，但学生并没有合理利用这些材料。他们对于材料的处理仅是做阅读材料后的各种题。因而在实际的教学中，教师和学生要转变自身对英语阅读

的态度，要重视阅读对语言知识的输入，注重阅读材料的二次开发。在英语阅读教学中，不仅要鼓励学生完成阅读后的各项任务，同时应该带领学生在任务完成后，积累阅读材料中的短语搭配、句式句型以及连接词，培养学生积累优美词句的意识，为今后的写作做好铺垫。

（二）重视阅读输入后的写作输出

在阅读中输入大量的语言知识后，应该鼓励学生将这些语言知识输出，这样才达到了输入的目的。在教学实施的过程中，往往存在阅读课的输入和写作课的输出分离的现象，学生在学完阅读材料后，除了掌握一些阅读技巧之外，缺乏对语言知识的输出，忽略了输入与输出相结合的原则。而传统的写作课未注意输入与输出的密切关系，一味强调学生的输出，未曾注意到学生是否成功输入了足够的语言知识。因此，要重视阅读输入后写作的输出，在完成阅读教学之后，教师可以布置写读后感、扩写文章等形式多样的写作活动，以此帮助学生完成输出。在日常的教学活动中，教师也必须让学生重视每一次写作，这样就可以将平时在阅读中积累的短语和句型灵活地运用于英语写作中。通过阅读促进写作的训练，学生不仅掌握了各种题材、格式以及常用句式，而且还可在阅读中理清作者的写作思路，体会文章字里行间所表达的情感。

（三）及时对学生写作问题予以反馈

反馈是英语教师与学生间进行思想沟通的重要桥梁，是师生间无声的心灵对话，也是教学过程中不容忽视的重要环节。虽然对作文打分评价中，内容、语言、词汇、衔接以及逻辑等都很重要，但语法错误是初中学习阶段最普遍，也是最难纠正的错误。因此，教师在进行作文评分时之外，应给出直接、明确的反馈，然后加以合适、详细的语言评论。对于他们写作的亮点，教师要给予积极的肯定，对于出现的问题，也要指出，便于学生写作水平的进一步提高。

（四）积极开展英语教学实践活动

有些英语教师没有认识到英语阅读和写作是一个动态和交流的过程，所以经常让学生背诵语法、罗列词汇，这是不科学的，也是没有效果的。教师可以开展一些教学实践活动，提升学生们对英语学科的兴趣。开展活动的时候要大胆开拓创新，与时俱进，从而加深学生对英语的热爱，提升教学有效性。例如，在设计阅读教学活动时，可以以任务型教学法为主线，采取表格题、选择题或者问答题等形式，任务的丰富度有利于提高学生的阅读兴趣，最大限度地避免学生对阅读材料产生厌倦心理。在写作活动的设计方面，除了让学生写作文之外，也可以让学生在写前利用表演等形式将心中的想法先表达出来，用语言文字先进行描述进而完成作文。与此同时，活动的完成既可以以个人的形式，也可以小组合作的方式，这样可提高学生在课堂上的参与度。

四、结语

在初中英语课堂教学环节中，突破传统的读和写分离的教学模式，使两者有机结合，这种阅读助力写作、写作激励阅读的双向促进模式，可以使学生的英语核心素养得到有效提升，使学生真实感受到阅读对写作的帮助，以及写作对阅读的带动作用，从而使学生更加自主地对英语知识进行学习。

参考文献：

[1] 陈成辉，肖辉．"听说写一体"写作教学模式实验研究：模因论的视角 [J].外语界，2012（6）：66-73，89.

[2] 毛海忠.浅谈高中学生英语写作能力培养 [J].基础教育外语教学研究，2004（1）：50-52.

[3] 成东.初中英语写作教学现状的调查 [D].呼和浩特：内蒙古师范大学，2011.

[4] 王丽珠.蓬莱市农村初中英语写作教学现状研究 [D].烟台：鲁东大学，2017.

[5] 杜金榜.从学生英语写作错误看写作教学 [J].外语教学，2001（2）：43-47.

城郊初中英语阅读生本对话策略研究

杨李若兰

一、城郊初中学生英语阅读现状

城郊学生虽然能够接触到良好的教育资源，但他们对英语并无强烈兴趣，也不重视；他们对于英语学习只停留在单词的记忆以及翻译上，没有养成良好的英语学习方法和习惯。由于英语教学方法没有针对性以及城郊学生自身的特点，城郊英语教学，特别是阅读教学效率不高。在城郊英语阅读教学中，以下三个问题仍然制约着学生阅读能力的提升：

第一，关注语言形式，忽视文本内容。城郊生源复杂，学生的英语基础参差不齐，部分学生对英语学习的兴趣不高，对英语阅读的重视也不够。在阅读的过程中，城郊学生常将注意力集中在单词、语法等语言形式上，误将英语阅读理解为单一的词汇、语法的积累，认为只要记住了单词就能读懂文本，忽视了对文本内容的学习，丢失了英语阅读的本真。而教师在授课的过程中也过于注重对基础知识的讲解，向学生灌输词汇、短语等知识点，忽视了引导思考、探究文本内容。因此，学生对于英语阅读的观念也就停留在对语言形式的识别和理解上。

第二，过度依赖翻译，忽视阅读方法。城郊学生未能掌握良好的学习方法和技巧，也不能根据学科性质有针对性地选择合适的方法和技巧。因而，面对英语阅读时，城郊学生常常选择一字一句翻译成中文再进行理解。他们将注意力都放在中英文转换上，遇到生词便无法理解，从而阅读受阻。在教学过程中，教师也忽视指导学生通过预测、抓主旨句、抓关键词、识别指代关系等技巧来提升英语阅读能力。久而久之，未能找到合适技巧和方法的学生便对英语阅读产生畏难情绪。

第三，理解表层信息，没有深入文本。由于学生将注意力过多地放在语言形式上，长期依赖翻译进行英语阅读，因此他们只能对文章的表层信息进行提取和理解，而无法理清文本间的逻辑关系、无法理解文本内涵。初中生的抽象思维能力和逻辑思维能力没有发育完全，因此他们对文本的深入探究还需要教师的引导。而在城郊英语教学中，由于进度、应试以及学生基础等问题，教师往往选择测试学生对文本细节的理解，而忽视指导学生关注文本的架构、逻辑和内涵。在这个过程中，学生与文本之间的关系是割裂的。

二、生本对话的基本内涵

对话，一般指人与人或者群体与群体之间的沟通交流，但对话也不仅仅是人群之间口语的交会，也可以是人与各种精神产品之间的共鸣和批判。巴西教育家保罗·弗莱雷认为：没有了对话，就没有了交流；没有了交流，也就没有了真正的教育。对话教学，就是在认知、思维、情感方面，主体间相互交流的过程。在对话教学中，"对话"形式包括师生对话、生生对话、生本对话以及学生的自我对话。对话教学常被曲解为师生、生生之间的问答，强调对话的外显形式。而实际上，这些"对话"已经超越了人与人之间的交流，更多的是人与物、人与自我，即学生与文本、学生与自我的沟通。

在阅读教学中，作为课堂主要参与者和发展对象的学生与作为课堂内容载体的文本之间的对话是最基础、重要的对话。王尚文认为阅读教学应该是一个追求个性化的过程，对话是在教学当中体现个性化的关键。读者在阅读文本的过程中并不是作者"传"，读者"释"的被动接受过程，而是读者积极、主动重写、重解文本的过程。郝明君、靳玉乐认为，生本对话作为对话型理解教学的一种形式，"在与文本的对话中，学生逐步加深了对文本真理性思想的理解，揭示出文本新的意义"。因此，生本对话是学生积极主动地对文本的理解、探究和内化。

三、生本对话策略的运用

为改变城郊学生忽视吸收文本内容，缺乏阅读技巧，与文本割裂的情况，教师在引导学生阅读时，要注意从浏览文本、解析文本以及重构文本三个方面帮助学生与文本对话。本文将以人教版英语教材八年级上册第二单元Section B阅读文章*What do NO.5 high school students do in their free time*为例阐述生本对话策略的运用。

（一）浏览文本，获取信息

抓取文本内容。浏览文本是快速获取文本重要信息的一种方式。在这个过程中，学生需要快速阅读以抓取文本内容，如文本的主旨大意、段落大意以及细节信息。因此，教师需要引导学生关注文章的标题、首尾段以及段落主题句，从而推断文章的主要内容。本篇阅读文章的标题为"*What do NO.5 high school students do in their free time*"从标题可得知，这篇阅读文章与第五中学学生的free time activities有关。接着从第一段可获取free time activities和 results这样的关键词，那就可以判断这篇文章是一篇有关学生课外活动的调查报告。

明晰文本结构。文本信息不仅仅只有文本内容，同时还包含了文本的结构。在阅读过程中，学生还需要注意段落之间的层次关系，根据段落主旨句和关键词来理清篇章结构。第一段告知调查是从锻炼、上网以及看电视三方面入手的。从文章的第二、三、四段的首句中可获取exercise，go online以及watch television这三个关键词，那么，我们则可得知这三段是在分别呈现调查结果。而最后一段首句中的we think...则表示作者要阐述观点了。至此，我们也就获取了本篇文章的基本结构"总—分—总"。

（二）解析文本，读懂作者

文本是信息的载体，也是作者与读者之间的桥梁。"解读文章的文体特征和语言特征有助于学生深度理解作者所表达的意义和意图，还有助于学生理解作者的思维方式，体悟文章的语言美。"读者与文本对话实际上是透过文字与作者对话。在阅读过程中，学生不仅要明白作者传递了什么信息，还要读懂作者为什么要传递这样的信息以及作者是如何组织、呈现和传递信息的。这就需要教师指导学生关注和分析文章的文体特征和语言特征。

分析文体特征。该篇阅读文章的文体特征主要体现在结构和说明方式上。首先，调查报告通常由主题、结果和结论组成，因此，该篇阅读文章以非常清晰的"总—分—总"结构呈现。教师需要指导学生，在阅读调查报告时，我们要想快速知道调查结果，就要扫读"结果"部分。其次，调查报告作为一种说明性文体，它注重用事实说明问题。因此，在"结果"部分，作者采用了大量的数据进行说明。繁多的数据使学生读不明白，理不清楚，常被困于这些"细枝末节"之中。因此，教师可指导学生运用图示来梳理细节信息及其与作者观点之间的联系，将该部分的数据转换为饼状图或者柱状图等统计图。通过分析该篇文章的文本特征，学生能明白作者组织信息和呈现信息的方式，也就是作者的写作思路。

体悟语言特征。作为一篇调查报告，该篇文章的语言也是非常清楚、简洁的。在描述调查结果时，简单句的运用让结果更加直白、清楚；在表达作者观点时，形容词以及连词的使用暗含了作者的态度，使得语言更加有趣。例如，在文章最后一段，作者描述其观点时写到It is good to relax by using the Internet or watching game shows, but we think the best way to relax is through exercise.其中good和best的对比说明作者倾向于通过运动来放松，而转折连词but的使用又再次强调了这一观点。在We all know that many students often go online, but we were surprised that ninety percent of them use the Internet every day.以及The answer to our questions about watching television were also interesting.中，形容词surprised和interesting两个形容词的使用暗含了作者对于高频率上网以及看电视的人之多感到意外，因为这个数据是与作者观点"运动是最好的锻炼方式"相悖的。通过分析文本语言，使学生更能明白作者想要传达什么信息。

（三）回应文本，找到自我

无论是对文本细节的理解，还是对作者意图和手段的分析，都是读者要获取信息。要想实现对话的闭环，读者也应基于自身给出信息。因此，要想实现真正的生本对话，学生只理解文本原意和作者意图是远远不够的，还需要对文本做出回应。回应文本包括对文本进行评价以及迁移运用。

回应文本，反思文本。评价文本的过程是学生结合自身经验对文本重新解读的过程。评价文本可以是基于文本理解的加工或补充，也可以是对文本观点、篇章结构、表现手法等的欣赏或者质疑。例如，本篇调查报告的标题以疑问句的形式呈现，比较有特点，教师可通过提问学生What do you think of the title? 来引导学生根据文章目的、自身感受来解读文章标题的形式和要素。再如，教师可通过提问What do you think of the numbers used in the passage? 来引导学生思考本篇调查报告中的数据呈现方式。

回归生活，找到自我。"无论什么样的文本，认知只是过程和中介，其归宿终究是生活。"生本对话最终的目的不应只是让学生获取信息、建构知识，更应让学生内化知识，反思自身生活，学以致用，运用于实际生活。本篇文章的主题是"中学生课余活动方式和频率"，与学生的生活密切相关。教师可根据调查结果来提问学生以下问题：

1. What's the problem with the free time activities of the students in No.5 high school?

2. If you feel tired, what activities will you do to relax?

3. How much time will you spend on it?

4. Do you think it's a good way? Why or why not?

5. What can we do to relax ourselves in a better way?

通过这一系列问题，教师可引导学生基于文本来反思自身，探讨交流如何解决生活中的问题，从而跳出文本，回归生活。

四、结语

英语阅读不应只是获取语言知识的一种手段，也不应只是简单的翻译，而应是深入与文本交流、获取信息、反馈信息、回归生活的过程。英语阅读教学的主要目标是要使学生能够成为独立的、高效的阅读者，也就是学生能逐步独立自主地解读英语文本，提高阅读效率，与文本进行深入对话。城郊初中学生英语能力的提升意味着必须提升其与文本对话的意识和能力。因此，在指导城郊初中生阅读时，教师要注重引导学生浏览文本、解析文本以及重构文本，逐步提升他们与文本对话的意识和能力，培养他们成为独立、高效的英语阅读者。

参考文献：

[1] 保罗·弗莱雷.被压迫者教育学［M］.顾建新，赵友华，何曙荣，等译.上海：华东师范大学出版社，2001：41.

[2] 王尚文.语文教学对话论［M］.浙江：浙江教育出版社，2004：212.

[3] 郝明君，靳玉乐.论理解教学的实现形式［J］.课程·教材·法，2006（5）：25.

[4] 刘伟.论有效生本对话教学的条件与基本策略［J］.郑州师范教育，2012，1（6）：15-18.

[5] 张献臣.中学英语阅读教学的痛点分析与对策［J］.中小学外语教学（中学篇），2019，42（11）：1-7.

思维导图在初中英语阅读教学中的运用

徐 颖

一、什么是思维导图

思维导图，又叫心智导图，是英国头脑基金会总裁东尼·博赞（Tony Buzan）在20世纪60年代创建的一种表达发散性思维的有效图形思维工具 。思维导图使用图文并重的技巧，把各级主题的关系用相互隶属与相关层级图表现出来，把主题关键词与图像、颜色等建立记忆链接，是一种简单却又很高效的实用性思维工具。常见的几种思维导图有圆圈图、气泡图、树状图、桥型图、括号图、流程图。

二、思维导图在阅读教学中的优势

（1）有利于提高教师的课堂教学效率。思维导图是以图式的方式高度概括课堂的教学内容。在阅读教学中，思维导图以简洁、明了的方式展现文章的框架。学生可以通过教师展示的思维导图，快速地掌握文章的脉络，并且在学习过程中只需要记录关键词，这样学生有更多的精力关注于文章的学习，从而大大提高课堂效率。

（2）有利于调动学生学习的积极性，激发学生学习的兴趣。教师在课堂中采用思维导图的方式，可以把枯燥的讲解变为生动的图表，让学生在学习中不断思考、不断探索，学生的学习变为了主动式学习。学生在完成思维导图的过程中，提高了他们探索新事物的能力，有利于培养学生的自主学习能力，从而调动学生学习的积极性，并由被动的学习转化为主动的探索与思考。

（3）有利于培养学生的思维能力。思维导图可以贯穿课堂的整个环节。在课前，教师可以利用思维导图让学生预习课文，培养学生自主学习的能力。在课中，教师可以通过思维导图的方式让学生了解文章的脉络，理清文章思路，从而更好地理解文章。在课后，学生可以通过思维导图进行反思、复习，从整体把握文章。

三、思维导图在阅读教学中的运用

教师可以利用思维导图来教授课文内容。教师在教授阅读文章时，主体框架可以通过思维导图的方式来呈现，从而让学生更好地掌握文章，理清文章思路。以人教版英语教材八年级上册第四单元*What's the best movie theater*为例，在学完整篇阅读文章后，教师可以用思维导图的方式带领学生一起来回顾所学内容。文章涉及的重点短语较多，学生可以通过重点短语的填写来熟练掌握所学内容，同时能够对文章有整体的把握。如图8-1所示。

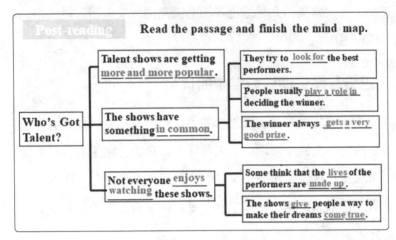

图8-1 借助思维导图回顾所学内容

思维导图能够帮助学生回顾所学知识。以人教版英语教材九年级全一册第二单元*I think that mooncakes are delicious*为例，阅读文章里提及了"嫦娥奔月"的故事，教师可以通过给出关键词的方式让学生复述故事内容。在实际教学过程中，学生通过教师所呈现的思维导图，找出关键人物和关键动词短语，这为学生复述文章大大降低了难度，也能够提高学生学习的积极性，把被动学习转化为主动学习。如图8-2所示。

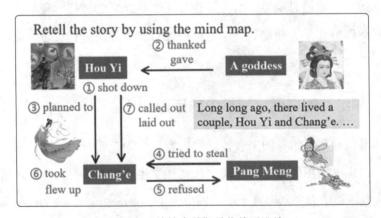

图8-2 "嫦娥奔月"思维导图设计

　　思维导图能够指导学生创造性地记录阅读笔记。上课时，学生通过思维导图的方式来记笔记，能够帮助学生抓住教师教授的要点，梳理文章脉络，突出阅读文章的重难点。学生用思维导图的方式做笔记，已经超越了被动地记下教师说的每一句话，而是能对文章内容进行加工与处理，在深入理解之后记录下来。记录的过程就是学生深入理解文章的过程，而且学生的笔记内容一目了然，条理清晰，有助于学生记忆与复习。

四、结语

　　阅读是英语学习的重要组成部分。教师合理地利用思维导图，能够激发学生学习的积极性与主动性，从而提高教师的教学效率。思维导图的使用贯穿阅读的始终，教师将思维导图运用到英语阅读教学中，能够帮助学生明确阅读任务，理清阅读思路，抓住阅读要点，培养自身阅读兴趣。教师巧用思维导图，对高效英语课堂的建设起着极其重要的作用。

参考文献：

［1］沈建强.思维导图在教学中应用的理论基础［J］.浙江教育科学，2009（6）：47-49.

［2］王新阳.思维导图在初中阅读教学中的应用［J］.中小学外语教学，2010（5）：32-38.

［3］魏彩丽.基于思维导图在初中英语教学中的实践分析［J］.科技资讯，2020（25）：163-165.

初中英语阅读"教—学—评"一体化运用研究

肖雅婷

一、研究背景分析

（一）"教—学—评"一体化

"教—学—评"一体化的最初形式产生于美国心理学家泰勒的目标模式。后来，布卢姆提出"形成性评价"的概念，强调教学评价是教学活动的必要组成。为了深入分析教学目标、教学活动设计和教学评价三者之间的整合关系，安德森强调了课程要素的匹配性。所谓的"匹配性"即一致性、一体化，即有什么样的教学目标，就应设计相应的教学活动、选择相应的教学策略，同时选择和设计与之相匹配的评价工具和程序。这里所体现的目标、教学和评价之间的一致性正是如今所提的"教—学—评"一体化的核心本质之一。

在国内，《普通高中英语课程标准（2017年版）》正式提出"教—学—评"一体化的概念，为"教—学—评"一体化确定了统一的研究方向和范围。其中指出"完整的教学活动包括教、学、评三个方面。'教'是教师根据英语学科核心素养的培养方向，通过有效组织和实施教学活动，达成学科育人的目标；'学'是学生在教师的指导下，通过主动参与各种语言实践活动，将学科知识和技能转化为自身的学科核心素养；'评'是教师依据教学目标确定评价内容和评价标准，通过组织和引导学生完成以评价目标为导向的多种评价活动，以此监控学生的学习过程，检测教与学的效果，实现以评促学，以评促教。"总体而言，随着新课改和核心素养理念的不断推进，"教—学—评"一体化逐渐被一线教师接受、应用，甚至进行探索和创新，在英语课堂教学中的运用也逐步增多。但是，"教—学—评"一体化在英语课堂教学中的运用并不成熟，处于起步阶段，同时缺少深入的实证研究。

（二）初中英语阅读教学

从已有文献来看，国内外有关英语阅读教学的研究已有几百年历史，随着研究的不断深入，相关成果更为丰硕。笔者主要从教学模式进行综述。国外有关于阅读教学模式成果很丰硕。比如，Gough提出了"自下而上"阅读教学模式。随后，Goodman等人提出了"自上而下"阅读教学模式。后来，美国人工智能专家Rumelhart综合前两种方式，提出了相互作用模式，又称交叉模式。在我国，传统的英语阅读教学常采用"自下而上"的方式，即在词汇学习、句子结构基础上领会全文。20世纪中后期，我国开始探索"自上而下"整体阅读教学模式（闫朝霞）。以胡敏芬为代表的学者提出了情景教学模式，主张基于实际生活情景中的教学。21世纪以来，随着学科核心素养概念的提出，英语阅读教学更侧重于教师对文本的深度解读，于是我国对于初中英语阅读教学有了新的研究，如，内容、语言、思维整合的阅读模式（崔丽华）、跨文化意识背景下初中英语阅读教学改进策略（周杰）。但总体而言，在我国目前的初中英语课堂中，大多数教师采用PWP阅读教学模式（即把阅读课分成pre-reading、While-reading和Post-reading三个模式）、情景教学模式和任务型阅读教学模式等。

从以上研究现状上可以看出，国内外对于英语阅读教学研究已有悠久的历史，研究内容也较为广泛，也不乏对于新模式的思考，但大多是教学理论、教学策略等理论层面的研究。21世纪以来，对于具体的英语阅读教学实践研究开始逐渐增多。

二、英语阅读教学中"教—学—评"一体化运用的问题

（一）教学目标的设置出现问题

1. 未从核心素养要求的维度出发设计教学目标

语言能力、文化意识、思维品质、学习能力是英语学科核心素养的四个维度，大多数教师往往只从语言知识的角度出发思考教学目标，而忽略学生思维

能力和文化意识的培养。有些教师虽然关注到了学生的核心素养培养，但却生搬硬套、流于形式地基于新课标设置目标，不考虑学生实际情况。比如，课标上有些写作目标是从认知水平层面界定的一个学段最终达到的学习结果，所以一般用了解、理解、掌握等表示内在能力或行为倾向变化的动词进行陈述，这些能力或行为倾向的变化是长期学习积累的结果，不是在单位时间内能够达成的课时目标。然而有些教师把它直接作为一节课的教学目标，这显然是不合理的。再如，教学目标中要求学生能够借助信息技术与小组成员合作完成思维导图，但是在实际开展小组讨论活动时，教师并未提供给学生合理的信息技术手段，那么这样的教学目标设计便是流于形式、毫无意义的。

谈及学习能力目标的设置，我们很容易发现英语课堂中学生的学习能力培养难以落地这一问题。而如果合理运用信息技术，这个问题就易于找到突破口。通过信息技术，教师可以轻松化解教室空间小、学生人数多可流动性差的问题而进行线上交流讨论，也可以实时进行线上调研，如组织学生针对讨论的问题进行即时投票，再如许多一线教师正在使用的全班同学共同在线反馈学生的英语作文这一做法也是十分可取的。因此，如果教师能清晰地认识到信息技术能给英语教学带来便利，那么在基于英语学科核心素养设计教学目标时便会自如许多。

2. 教学目标表述不清晰

ABCD模式目标陈述法提出教学目标包括缺一不可的ABCD四个要素，分别为对象A（Audience）、行为B（Behavior）、条件C（Conditon）和行为的标准D（Degree）。可见，科学的教学目标应该是基于课程标准，结合教材、学情、教法将课程标准转化为清晰、可测、可评的教学目标，明确行为主体、行为表现、行为条件和表现程度。然而，大多数教师在撰写写作教学的教学目标时，虽然基本满足A要素，但是其余三个要素均出现问题。主要表现为以下几方面：第一，行为动词少，难以操作和检测的词语如"了解""掌握""理解""把握"则出现频率较高。同时出现教学目标主体倒置的问题，教师"培养""提升""指导"等行为动词频现。它们并不能使教师看到学生的表现性行为，不能清晰地评判学生的学习程度；第二，目标不清晰。有些教师在设计教学目标时，只是简单再现课本中出现的词汇或者句型，至于教师应该如何去教授新知识，学生能学习到什么程度，学生在何种情景、条件下学习，目标里没有做任何说明和阐述。比如，一些教师学生能够借助信息技术等手段完成新知识的产出。但是在设计教学目标时，却没有将智慧教育的条件表述清晰。那么如果学生在产出新知识时出现问题，教师则无法区分是知识掌握的偏差，还是学生对于信息技术的操作问题。第三，未能设置完成标准，不能考虑到不同学生的英语水平差异性，而是为所有学生都设置了一样的评价标准，这让教学目标看起来十分理想化，但实际上大部分学生无法实现。

（二）教学活动与目标不匹配

在英语课堂教学中，教师通过教学活动对学生进行引导，学生通过参与学习活动获取知识，从而在教师的引导下展开学习和探讨。因此，教师如何设计合理的教学活动从而引导学生达成教学目标对于实现"教—学—评"一体化具有重要意义。在教学活动方面出现的问题主要是教学内容和活动与目标不匹配。

一方面，教学内容与目标不匹配，有些教师并非依据教学目标来设计教学过程，而是直接照搬教材上的活动。比如，人教版英语教材七年级下册第二单元写作课的目标是"能够用英语表述自己和他人一天的行程安排"，有些教师为了完成教学目标，直接让学生根据教材中的活动，即根据图片书写几个零散的句子。

另一方面，教学活动与目标不匹配。比如，在写作课堂中，教师留给学生动笔的时间太少，却希望学生能完成提高写作技能的目标。有些教师易于在pre-writing部分耗时太多，而在while-writing部分留给学生动笔写作的时间却不足，无法培养学生的写作能力。再如，"学会在新的情境中运用月份和序数词书写自己一年的计划日常"这一教学目标属于运用层次的目标。教师需要提供多种新情景供学生练习书写，才能使学生熟能生巧，也才能检测学生是否充分掌握知识。通过利用希沃等软件，只要教师在课前多花时间和心思进行准备，让学生快速动手操作并表达自己的想法便不再是难题。

（三）教学评价与目标相分离

1. 教师缺乏评价意识

"教—学—评"一体化要求教师将教学评价贯穿教学始终，课前有诊断性评价，即针对学生的实际情况设置教学目标；课中注重评价过程，采用形成性评价，以促进学生学习，通过不同形式的反馈给学生提供具体的帮助和指导，期末也有终结性评价。要能够合理地运用多元化的评价方式，教师首先需要具备评价意识。也就是说，教师要清楚自己应该在什么时候运用什么样的评价活动，搜集学生学习情况的信息从而便于确定接下来将要采取的教学行动。然而，大部分教师的教学评价意识不足。比如，在课堂教学中，部分教学活动具备评价的功能，可以作为评价活动，教师可以利用这些活动来搜集信息。而教师却没有意识到这些活动也可以是评价活动，因此不能有意识地从中搜集信息。

2. 评价反馈与教学目标不匹配

形成性评价的作用是帮助教师及时搜集关于学生学习现状的资料，其更重要的作用是帮助教师给学生提出反馈，从而让学生了解他们自己的学习现状与目标之间的差距，并向学生指明正确的方向，如学生成长档案袋就是一种很好的教学评价方式。在英语课堂中，大部分活动教师都会给予学生评价反馈，但是对于一些运用层面的活动，教师的反馈过于简单，不足以帮助学生认清自己的学习情况。

除了上述原因，英语教学"教—学—评"一体化还存在一些外在的不可控因素。在实际的英语课堂中，教师应该尽量规避以上问题，精心设计教学目标、教学活动和教学评价，切实提高学生的英语核心素养。

三、智慧教育背景下英语教学中"教—学—评"一体化运用案例

本部分呈现了笔者在基于"教—学—评"一体化这一教育理念所设计的一堂初中英语阅读课，以下只列举教学目标和教学过程设计。

（一）教学目标设计

1. 语言能力目标

根据图片，学生能对故事情节进行基本梳理与回顾；依据自己制作的表格，能运用恰当的形容词来表达人物特征。

2. 学习能力目标

通过和小组成员进行线上实时讨论，能深度理解课中节选的人物细节描写语段，并分析出三个主要人物的真实性格特点。

3. 思维品质目标

学会正确认识自我和了解自身能力。

4. 文化品格目标

能够激发学生对阅读英语优秀文学故事的兴趣。

（二）教学过程设计

Step1: Lead in

Watch a video about the cyclone and answer questions.

Q1: Who are they?

They are _____ and _____.

Q2: Where were they first and where are they now?

They were in _____ first, and they are in _____ now.

【设计意图】通过《绿野仙踪》电影的片段导入（女孩桃乐丝被龙卷风卷入童话世界的情景），设置进入奥兹国的情境，激发学生的兴趣；同时设计两个问题帮助学生回顾主要的故事情节，让学生开启沉浸式阅读。

Step 2: Know the characters（了解人物特征）

Choose your favorite character.

【设计意图】通过希沃软件，组织学生进行线上实时投票，选出自己最喜欢的人物。随后教师提问学生喜爱的原因，通过学生的描述，教师可以初步了解学生对于故事情节和人物特征的把握程度，不仅落实了"教—学—评一体化"以便于更好地开展后续教学，同时恰到好处地运用了智慧教育背景下的信息技术开展教学。

1. Match each sentence with the right characters. 为下列主人公匹配对应的话。（听力）

A. I haven't got a brain. I can't think.

B. I haven't got a heart. I can't love.

C. I make a lot of noise but I'm not brave like other lions. I haven't got any courage.

_____ The Scarecrow _____ The Lion _____ The Tin Woodman

【设计意图】通过匹配人物在故事中说的话（利用信息技术，学生可以播放电影中人物的原声，这样便使抽象的文字语言鲜活起来，学生也能通过人物的语气分析出答案），让学生先总体回顾人物的主要特征，他们想要获得的东西以及原因。

2. Fill in the blanks.

Who.

Features（特征）.

Words they say.

Things they want.

The Scarecrow.

He can't _____.

"I haven't got a brain."

_____

The Lion

He isn't brave.

"I haven't got

_____."

_____

The Tin

Woodman

He can't _____.

"I haven't got

_____."

_____

【设计意图】对故事中四个主要人物的特征进行总结，以便于学生能清晰地理解和对比人物的特征。

Step 3: Read about the characters（阅读人物细节）

Read and answer questions.

When night comes, they stop under a big tree. The Tin Woodman cuts some wood and makes a fire for Dorothy. Then the little girl and her dog lie down and sleep until morning. The next day they set off again very early. They come to a big ditch. It's very wide and very deep.

"How can we cross the ditch?" Dorothy asks her friends.

The Lion looks at the ditch and says, "I can jump over it."

"I have an idea, you can take us cross on your back, one by one." The Scarecrow says.

"Who wants to go first?" The Lion says. He's a bit afraid but he wants to help his friends.

"Me!" the Scarecrow says and he gets on the Lion's back. The Lion jumps across the ditch easily. Then he jumps back and takes Dorothy and Toto. Finally he takes the Tin Woodman across the ditch.

1. What does the Tin Woodman do for Dorothy?

_____

2. How do they cross the ditch? Who have this idea?

_____

3. Is the Lion afraid?

_____

【设计意图】通过精读故事中的人物细节描写，对故事中三个主要人物进行深入的性格赏析。值得一提的是，由于教学对象是初一学生，其词汇量有限，因此学生在阅读过程中遇到生词和难句不仅可以通过电子词典进行及时查阅，还可以和小组成员进行线上讨论。

Step 4: Analyze the characters（分析人物性格）

1. Critical Thinking.

After reading, what do you think of them?

I think _____ is _____ , because _____.

【设计意图】通过小组线上讨论，让学生进一步分析和探讨人物性格，并学会表达自己对于人物的观点和看法。

2. Fill in the blanks.

The Scarecrow wants to have a brain but he is _____.

The Lion wants to have some courage but he is _____.

The Tin Woodman wants to have a heart but he is _____.

So, we should _____.

【设计意图】通过总结并对比人物自己对自己的描述和学生通过细节阅读发现的特征，引导学生认识到——要学会正确认识自我。

Step 5: Show the characters（展示人物风采）

Design your playscript and role-play.

小组合作在线设计台本，并进行角色扮演，1人导演，1人旁白，9人为小演员，尝试展示出人物的鲜明特征。

【设计意图】全班分为4组，11～12人为一个小组，小组长通过组织组员进行希沃投票，选出本小组最受欢迎的情节，小组成员选定角色后，通过自身对于人物的正确理解为他们设计台词，呈现出人物的真实性格和特征。设计好之后，一人当导演进行视频拍摄，其余为演员和旁白，完成拍摄后实时上传至在线平台，全班学生进行互评。此活动及时评价和反馈了学生对人物和故事片段内容的理解程度。

Step 6: Summary and Homework

（略）。

参考文献：

［1］Anderson, NJ Exploring Second Language Reading: Issues and Strategies ［M］. Beijing: Beijing Foreign Language Teaching and Research Press, 2009：65-68.

［2］中华人民共和国教育部.普通高中英语课程标准（2017年版）［M］.北京：人民教育出版社，2018.

［3］Gough P B. One second of reading ［J］. Visible Language，1976，6（4）：N/A.

［4］Goodman N. Languages of Art：An Approach to a Theory of Symbols ［M］. Semantics Rules, 1968.

［5］闫朝霞，胡小力.高中英语阅读教学的设计与实践［J］.山东师范大学外国语学院学报（基础英语教育），2005，7（3）：34-38.

［6］胡敏芬.对英语情景教学的几点思考［J］.浙江工商职业技术学院学报，2005，4（2）：89-91.

［7］崔丽华.内容、语言、思维整合——初中英语阅读教学变革探究［J］.上海教育科研，2019（11）：93-96，88.

［8］周杰.跨文化意识背景下初中英语阅读教学改进策略——评《初中英语阅读教学设计》［J］.人民长江，2022，53（6）：I0002-I0003.

基于核心素养的初中英语阅读教学

——以 *Save the Sharks* 一课为例

颜 灯

基于英语学科核心素养的课堂教学，要求教师引导学生以探究主题意义为目的，以语篇为载体，在理解与表达的语言实践中，通过一系列思维活动，分析和解决问题，发展思维品质，形成文化意识，学会学习，树立正确的价值观。因此，从实践的角度探究如何基于英语学科核心素养设计并实施初中英语阅读教学尤为重要。本文以笔者执教的一堂阅读课为示例作为探究。

本节课的教学内容为人教版新目标英语教材九年级全下册第十三单元We're trying to save the earth阅读板块 *Save the Sharks*。文章话题新颖，结构清晰，主要介绍了鲨鱼羹的基本信息，鲨鱼的现状以及政府采取的保护鲨鱼的措施，能够很好地激发学生保护环境、保护动物的意识。

本节课授课对象为九年级学生，他们具备一定的语言知识储备，也具有一定的综合语言运用能力和自主合作学习能力，这一阶段的学生希望通过有效的阅读策略、新颖丰富的阅读活动分析和理解语篇。

一、教学目标

1. 语言能力目标

（1）在教师的指导下，学生能通过略读、寻读、猜词等阅读策略自主互助学习，构建框架，理解文章，了解鲨鱼的现状。

（2）学生能在文本情境中听懂、会读、会说文中出现的新词汇和相关短语。

（3）学生能熟练运用所学语言进行交流，完成阅读任务。

2. 学习能力目标

（1）学生通过观察课文插图，锻炼信息获取的能力。

（2）学生学会运用思维导图，梳理思路，进行深度学习。

（3）学生能根据上下文语境猜测词义。

3. 思维品质目标

在理解文本的过程中发展批判性思维和创新性思维，提高分析、判断、推理和概括等能力。

4. 文化意识目标

深度思考保护动物对人类和环境的重要意义，强化保护动物、保护环境的意识，形成保护动物就是保护人类的可持续发展观念。

二、教学过程

步骤一：读前活动

教师借助课件呈现一张鲨鱼张开大嘴的照片，引出新词sharks，并询问"What do you think of sharks？"学生根据图片以及自己已有的知识回答，回答中出现的关键词有ugly，huge，scary等。接着，教师呈现一张优雅的女士照片，并同样询问"What do you think of her？"回答中出现的关键词有beautiful，kind等，在出现两组对比之后，教师播放一段经过剪辑的视频，视频内容主要是人类大肆猎捕鲨鱼的残忍行为以及图片中优雅的女士享受鲨鱼羹。再问"What do you think of the sharks/the woman"此时，学生们认为鲨鱼是poor而女士是cruel，进而引出本节课的目的——Save the sharks！

步骤二：读中活动

1. 图文匹配，了解文本大意

本文共三个段落，教师在幻灯片上展示与各段落内容相关的图片，然后要求学生自主阅读文本，了解文本大意，完成图文匹配任务。通过图文匹配，既让学生整体了解文本大意，也让学生意识到图片等非文字信息的重要性，同时帮助学生建立了语言与情境之间的联系。

2. 仔细阅读，回答问题

解读语篇内容时，不能局限于文本的表层信息，应该深入挖掘文本，引导学生"既要读懂显性的文本信息，更要挖掘语篇中隐形的相关信息"。

根据第一自然段，设置了以下三个问题：

① Where is shark fin soup especially popular?

② What does the writer think of shark fin soup?

③ Why is shark fin soup expensive?

其中，第①题属于细节题，需要分析文本细节，准确定位，第②题属于理解性题型，需要学生深入分析文本细节，推断作者的观点；第③题属于推断题，文字没有直接的答案，需要学生根据文本和自己对文本的理解去分析和推理出文字背后的信息。

3. 找到不同观点，并判断正误

在理解文本大意和部分细节之后，教师要求学生仔细阅读第二自然段，引导学生找到针对捕杀鲨鱼的两个不同观点，并要求学生从文章中找到相关论据来证明观点的正误。

继第一自然段的回答问题，第二自然段利用不同的阅读活动进一步提升学生分析、概括文本的能力。文章没有直接给出观点，需要学生利用关键词定位并分析、概括两个不同观点。学生找到不同观点之后，教师需要通过不断提问来引导学生用相关事实来证明观点的正误。

4. 拓展延伸，发散思维

英语阅读教学不仅需要帮助学生理解文本，更需要在理解文本的过程中发展学生的语言能力。因此，针对第三自然段的设计，教师应适当延伸文本内容，在提到政府制定相关法律保护鲨鱼时，文章中并没有提到具体的法律条文，此时，教师让学生小组合作，假想自己就是政府的工作人员，现场讨论与拟定保护鲨鱼的法律条文。从而促进学生深入思考，激发学生运用语言的兴趣，并培养学生用英语解决实际问题的能力。

步骤三：读后活动

1. 头脑风暴，运用语言

在学生学习和理解了文章之后，教师抛出问题：What other animals in danger do you know? And why are they in danger? 引导学生自由表达并交流已有的关于濒危动物的信息，进而激发语言储备，为之后的制作保护动物宣传手册做铺垫。

头脑风暴之后，教师要求学生5人一组分角色完成宣传手册：两人为宣传手册编辑者，负责内容的部分；一人为版面设计者；两人为发言人，其中一人负责开头和总结，一人负责主要内容的发言。教师还利用课件向学生提供语言支架，帮助学生完成任务。

2. 情感升华，引发共鸣

完成并展示宣传手册之后，教师利用课件滚动播放鲨鱼羹、皮草、皮包、工艺品等价值昂贵的物品，并向学生提问"What are these things in common?"引导学生回答出"cost of life"。进一步引导学生关注濒危动物，提升学生对环境保护意义和价值的理解，并能自觉地呼吁全社会关注濒危动物，意识到保护动物就是保护我们人类自己。

本节课，教师以"保护鲨鱼"为主线，在师生、生生互动中引导学生进行语言实践、发展语言能力、发展思维品质，树立正确价值观。读前环节，教师通过两组图片的对比与反差，直入主题的同时，也激发了学生学习的兴趣，促进学生进行深度思考。读中环节，教师设置了形式丰富的阅读活动，基于文本且高于文本。同时，教师还适当拓展延伸文本内容，创设开放性语言活动，启发思维，提升语言能力。读后环节，教师设计的制作宣传手册活动紧扣文本话题，发散思维，也将语言学习与生活实际相联系，引导学生感受保护鲨鱼的必要性，增强其保护野生动物的责任感和使命感。

参考文献：

王蕾. 从综合语言运用能力到英语学科核心素养——高中英语课程改革的新挑战［J］. 英语教师，2015（16）：6-7.

基于思维品质培养的初中英语阅读教学实践

——以人教版九年级全一册第七单元 Section B 2a-2b为例

彭 溪

一、引言

《普通高中英语课程标准（2017年版2020年修订）》将思维品质列为英语学科核心素养之一，思维品质指思维在逻辑性、批判性、创新性等方面所表现出来的能力和水平。美国心理学家布卢姆将人的认知思维过程划分为低阶思维和高阶思维，前者包括记忆、理解、运用，后者包括分析、评价、创造。在英语教学中，阅读教学对学生思维品质的培养发挥着重要作用，而在传统的英语课堂中，教师往往过分重视语法、词汇的教学，缺乏对课文内容的深层次理解，学生也只停留在read between the lines，没有达到read behind the lines和read beyond the lines的教学效果。

笔者以人教版九年级全一册第七单元Teenagers should be allowed to choose their own clothes中Section B 的阅读文章为例，探讨以培养初中学生思维品质为落脚点的英语阅读教学设计。

二、教学设计

（一）教材分析

【What】本文的标题是*Should I Be Allowed to Make My Own Decisions*，本单元围绕"规则"这个核心话题，讲述哪些事情是允许青少年做的，哪些事情是不允许的。这篇文章讲述了一个名叫刘宇的男生，他为了实现自己的职业运动员梦与他的家长发生了争执。

【Why】本文主题是人与自我中的亲子关系问题。本文可能有两个意图：一是描述刘宇与父母之间的争论，让学生了解在通往梦想的道路上可能存在阻挠和失败。二是让学生体谅父母的良苦用心，他们的出发点都是为我们好，当我们与父母意见不合时，应该要多交流。

【How】本文是一篇议论文，描述了一位青少年与父母对待未来梦想的不同态度，文章第一段开门见山地阐述父母与孩子就学业与爱好有着分歧，接着分段穿插阐述刘宇和刘宇父母的论点和论据。该话题贴近学生生活，可以帮助学生明确爱好和学业的意义，对未来的职业发展更加清晰。

（二）学情分析

本课是九年级的教学内容，经过两年多的英语学习，学生已初步掌握了一些综合语言技能，在阅读方面已具备一定的阅读技巧，在阅读习惯、阅读策略方面有一定基础，但在分析、判断和创造等方面仍需提高。九年级的学生具有较强的自主意识，他们有自己的见解，并且对将来有一些思考。随着中考的临近，学习压力越来越大，大多数学生都要面对自己的爱好和学业的选择。因此该话题贴近生活，学生能够结合文本进行深度思考。

（三）教学目标

1. 语言能力目标

（1）在语境中正确使用阅读中所学词汇和句型，如：get in the way，serious about，worry about，have nothing against等；

（2）正确使用含情态动词的被动语态表达自己的观点。

2. 思维品质目标

（1）使用预测、略读、寻读等阅读策略，匹配段落大意、填写表格并归纳出刘宇和刘宇父母的观点，梳理语篇逻辑关系；

（2）初步运用推理、分析、评价等高阶思维品读文本，分析出刘宇父母不支持刘宇跑步的原因以及刘宇对梦想的坚持、双方缺乏换位思考，锻炼逻辑思维；

（3）运用判断、批判等高阶思维能力，进行角色扮演和写观点信，表达自己关于选择爱好和学业的观点，提升创新等思维能力。

3. 学习能力目标

（1）在小组活动中有意识地使用文章中的重点词汇短语以及被动语态；

（2）课后学生能使用表格整理刘宇和刘宇父母的论点和论据。

（四）教学重难点

1. 教学重点

（1）在语境中正确使用阅读中所学词汇和句型，如get in the way，serious about，worry about，have nothing against等；

（2）正确使用含情态动词的被动语态表达自己的观点。

2. 教学难点

（1）初步运用推理、分析、评价等高阶思维品读文本，分析出刘宇父母不支持刘宇跑步的原因以及刘宇对梦想的坚持、双方缺乏换位思考，锻炼逻辑思维；

（2）运用判断、批判等高阶思维能力，进行角色扮演和写观点信，表达自己的观点，提升创新等思维能力。

（五）教学思路

本课以学生为本，多维设置课堂活动，运用多种阅读策略，力求通过阅读教学培养学生的思维品质。本节课分为读前、读中、读后三个环节。从读前的激趣导入开始，让学生带着好奇心进入文本，同时培养了学生的判断思维。读中从略读、寻读、精读到问题链，对文本进行深度解读，培养了学生的逻辑思维。读后设计了角色扮演和写作活动，这不仅可以检验学生对课文的理解程度，还可以提升学生的批判思维与创新思维。

三、教学过程

（一）读前活动：激趣导入，培养学生预测判断性思维

Step 1: Lead-in

1. Greetings.

2. Discuss the questions in groups.

Are you allowed to make your own decisions at home? What kinds of decisions?

【设计意图】成功的导入不仅能激发学生的学习兴趣，使他们主动参与教学活动，而且能够帮助他们预先感知即将学习的文本内容和语言结构。有效的导入应紧扣文本内容，联系实际，寻找和挖掘符合学生需求的材料（卢爱华）。围绕阅读主题提问，可以激活学生的背景知识，激发学生的学习兴趣，同时可以激活学生思维的敏捷性和灵活性，让学生带着问题，通过对文本信息的预测、分析、质疑、辨别、推断，达到对文本内容的深刻理解。同时，学生可以提前学习会造成理解障碍的生词和短语，如get in the way of, spend more time on。

Step 2: Pre-reading

Predicting.

Look at the title and the picture and answer the questions.

（1）What's the boy in the picture doing?

（2）Guess what decision he wants to make.

【设计意图】读前让学生通过观察及分析信息预测文本内容，培养学生预测判断性思维。在好奇心的驱使下，学生会自然而然地产生阅读期望，并积极参与到阅读活动中，并在阅读中主动检验自己的预测结果。在这个过程中，学生的自主思考能力得到了发展。

（二）读中活动：读懂文本，培养学生逻辑思维

1. 解读文本结构，理清逻辑框架

Step 3: While-reading

（1）整体感知文本，匹配段落大意。

Skim the passage and match the main ideas.（Reading tip: Skimming. Read the text as quickly as you can. And you don't have to read word by word. It's best to read the first and last sentences of every paragraph more carefully.）

Para.1: Different opinions about hobbies and schoolwork between parents and teenagers.

Para.2: Liu Yu's parents'opinions.

Para.3: Liu Yu's opinions.

Para.4: Liu Yu's parents'opinions.

Para.5: Liu Yu's opinions.

【设计意图】深入阅读文本前，学生快速浏览整个文本，获取文本的段落及每段段落的大意，第一段是总起讲述青少年和父母在培养爱好和学习方面的不同观点，第二段和第四段是讲述刘宇父母的观点，第三段是讲述刘宇的观点。教师提示学生关注段落的收尾句，关注所给段落大意的关键词，充分调动学生积极主动地思考。

（2）制作身份卡片，扫读了解细节。

Name	Liu Yu
Age	15 years old
From	Shandong
Now	On his school running team
Dream	Be a professional runner
Problem	His parents won't allow him to train as much as he wanted to

【设计意图】利用身份卡片，让学生扫读并了解更多关于刘宇的信息，同时也让学生更熟悉文本。

（3）运用扫读策略，完成表格。

Scanning: Read Para.2 and Para.4，fill in the chart.

Liu Yu（should/shouldn't）be allowed to make his own decisions.

Parents's opnions	Para. 2	1. They have nothing against running，but they hope their son needs to think about other possible jobs. 2. He needs to think about what will happen if he doesn't end up as a professional runner.
	Para. 4	1. Liu Yu should study hard in the evening. 2. He needs to spend more time on his homework because it's difficult to become a professional runner.

156

Scanning: Read Para.3 and Para.5，fill in the chart2.

Liu Yu thinks he（should/shouldn't）be allowed to make his own decisions.

Liu Yu's opnions	Para. 3	1. He should be allowed to decide for himself. 2. He is serious about running
	Para. 5	1. He is a quick runner. He believes he can succeed. 2. He should be allowed to make this choice himself. He wants to have a chance to achieve his dream.

【设计意图】查找相关信息，可以使学生更好地理解文章的结构和内容。此环节是为了让学生了解扫读策略，并运用这种策略获取信息。同时，帮助学生为下一活动角色扮演搭好支架，做好准备。

2. 借助链式问题，提升逻辑思维

精读文章，思考问题。

Q1. How do Liu Yu's parents feel about his dream?

Q2. Liu Yu uses "I should be allowed to ..." repeatedly in his arguments, what does it implies（暗示）?

Q3. Do they understand each other? What might be their feelings?

Q4. What does it take to be a professional sports star?

【设计意图】问题链的设计是为了促进学生对文本的深入理解，挖掘文本表层信息之下的深层次信息，对文本内涵进行拓展、提升和评价，促进学生批判性思维能力的提升。前面学生已经完成了结构图，梳理了刘宇和刘宇父母的论点和论据，在此基础上，教师提出参阅性问题Q1～Q3引导学生基于文本内容，深度挖掘文本的内涵、意义。Q1需要到文中寻找信息并总结概括出刘宇父母对待刘宇成为跑步运动明星的态度是忧虑多过支持，Q2可以引导学生聚焦刘宇对实现梦想的决心和对自主决定未来的坚决。通过Q1和Q2刘宇和刘宇父母态度的鲜明对比，提出Q3，引导学生关注双方心情，同时渗透情感教育，"虽然青少年在很多方面会与父母有着不同的意见，但要学会换位思考，学会理解父母和尊重父母，学会明白父母的关爱。而父母也同样要学会去倾听和理解孩子的想法。"Q4将焦点从文本转移到现实生活,让学生结合自身知识储备回答现实生活中成为运动明星的困难有哪些,以及万一没有实现成为运动明星的后果。以上问题链设计环环相扣,符合学生的认知发展规律,学生在回答问题的过程中,归纳总结能力得到了增强,分析推理能力得到了提高,逻辑思维能力得到了锻炼。

(三)读后活动:迁移创新,培养学生创造性思维

Step 4: Post-reading

Role play.

学生三人为一组,小组内分配角色,一人扮演刘宇,两人扮演刘宇的父母,因为笔者所教班级学生两极分化较大,所以给出参考台词,同时提示基础较好的学生可以自己创编台词,然后小组合作进行角色扮演。

Liu Yu's parents: We have nothing against _____ . But you need to think about what will happen if _____ .

Liu Yu: I have always wanted to be _____ and I'm serious about _____ .

Liu Yu's Parents: We are glad to hear that. You will pay much attention to what you want to do. But you need to spend more time on _____ .

Liu Yu: I am serious about _____ and I will practice as much as I can.

Liu Yu's parents: Maybe we can have a try. If _____ We need to communicate again.

Liu Yu: OK, thank you.

Liu Yu's parents: You are welcome. You are always our good boy.

【设计意图】角色扮演是一种以文本为基础又超越文本的输出语言的活动,它可以使学生加深对文本的认识,感受到人物的情绪,人与人之间情感的流动,从而更好地了解作者的创作意图,从而使学生对所学语言进行内化和迁移,提高学生的语言应用能力,提升学生分析、批判与创新的思维品质。

Step 5:Homework

Write a letter.

如果你是刘宇的同学，你想对刘宇或者刘宇的父母说什么？请写一封信给他们表达你关于他们争论的观点。

【设计意图】在完成写信作业时，学生再次深入挖掘语篇，并意识到在亲子关系中，要学会换位思考，理解和尊重对方想法和感受，从中明白沟通的重要性，渗透了情感教育，训练了学生的创造性思维，提升了学生的思维品质。同时，学生在写信时不断独立思考，形成自己的观点，学生的分析、判断、评价能力均得到了锻炼。

四、反思

本节课以培养学生的思维品质为导向，深入解读文本内涵，让学生知道作者写了什么、为什么这样写、怎么写。笔者多维设置课堂活动，以学生为主体，注重对学生的引导，渗透了情感教育，培养了学生的高阶思维。

（一）深入解读文本内涵，明确思维品质目标

本节课中，教师从What，Why，How三个层面充分解读文本之后确定了需要学生探究的主题意义，将思维品质目标明确为能使用预测、略读、寻读等阅读策略，匹配段落大意、填写表格并归纳出刘宇和刘宇父母的观点，梳理了语篇逻辑关系；初步运用推理、分析、评价等高阶思维品读文本，分析出刘宇父母不支持刘宇跑步的原因以及刘宇对梦想的坚持，双方缺乏换位思考，锻炼了逻辑思维；能运用判断、批判等高阶思维能力，进行角色扮演和写观点信，表达自己关于选择爱好和学业的观点，提升创新思维能力。

（二）多维设置课堂活动，培养学生的思维品质

教师在进行阅读教学的过程中，将阅读任务与思维素质的培养结合起来。在读前环节，教师借助标题和图片，组织学生大胆预测，学生的预测思维得到了发展；在读中环节，教师根据文本特点，设置填写身份卡任务，使学生对语篇中刘宇的身份信息有了结构化认识，设置完成表格任务，分析归纳刘宇和刘宇父母对于刘宇成为运动明星的不同论点和论据，设置问题链，层层递进设问，挖掘语篇价值，培养学生分析、推理的能力，增强学生的逻辑思维；在读

后环节，设置角色扮演活动，布置写信任务，既培养了学生的批判性思维，又激发了学生的创造性思维。

五、结语

初中英语阅读教学不能仅仅停留在知识的讲授上，更要注重学生思维能力的发展。在英语阅读教学中，教师应有意识地运用多种阅读策略，按照"观察与比较、分析与判断、归纳与建构、批判与创新"等思维方式来设计教学活动，有目的地培养学生思维的逻辑性、批判性与创造性。引导学生深度理解文本内容，分析和比较其中的异同，推断文本所传达的深层含义，归纳阅读文本的语言与结构特点，辨识文本的结构功能，分析和评价文本所承载的观点、情感、态度和目的等，帮助学生学会观察、比较、分析、推断、归纳、建构、辨识、评价、创新等，增强思维的逻辑性、批判性和创造性，最终实现发展学生思维品质的目的。

参考文献：

［1］教育部基础教育司.全日制义务教育英语课程标准（实验稿）解读［M］.北京：北京师范大学出版社，2002.

［2］卢爱华.围绕话题，重点训练，明晰主线——谈初中英语阅读教学活动的设计策略［J］.中小学外语教学，2014（8）：1-7.

［3］乔蕊，但武刚.基于思维品质培养的高中英语阅读教学研究［J］.华中师范大学研究生学报，2018（3）：104-108.

基于英语学科核心素养的初中英语
阅读教学读后活动设计

朱安娜

阅读教学在英语语言学习中有着举足轻重的作用。在阅读教学中最大限度地利用阅读文本是开展阅读教学的关键。面对丰富多彩的阅读文本，教师往往有着不同的理解和探索方式。读后活动的设计与实施能够促进学生更好地理解文本内容，并运用相关语言和内容在真实的情境中进行表达与应用，从而促进学生语言综合运用能力的提升。

在英语阅读教学中，一般分为读前、读中、读后三个部分。读前活动侧重于读前预测与铺垫，目的在于激发学生阅读兴趣，为阅读学习做准备。读中活动旨在梳理文章脉络、理解文本内容，往往以文本解读与赏析的形式展开。而读后活动往往是阅读拓展与延伸，读后活动常见形式是自由多样的。读后活动能促使学生在新的语境中运用相关的语言和内容去表达有意义、表达思想。

读后活动的设计与实施是阅读课中的拓展和延伸，是信心输出和反馈的重要过程，是对阅读内容的深化与巩固。它能够将阅读与听、说、读、写融为一体，将语言学习与真实交际融为一体，将语言学习与真实交际融为一体。好的读后活动设计能够在语言输入和语言输出之间架起台阶与桥梁。

一、读后活动的设计

读后活动更加注重语言实践，能更好地培养学生语言运用能力和跨文化交际意识，提升语言学习能力。通常我们可以从英语学科核心素养的四个维度，即语言能力、文化意识、思维品质和学习能力入手设计读后活动，以促进学生的全面发展。本文将结合人教版初中英语教材Go for it!中的阅读文本，聚焦英语学科核心素养，探知读后活动的设计与实施。

（一）聚焦语言能力培养的读后活动设计

语言能力是构成英语核心素养的基础要素，语言能力的提高也是文化意识、思维品质和学习能力的提升，有助于学生拓展国际视野和思维方式，开展跨文化交际。聚焦语言能力的读后活动设计主要是熟悉文本和深化理解类活动，涉及语言和内容的延伸拓展。

【课例呈现】

九年级全一册十三单元的单元话题为环境保护（Environmental protection）。Section B部分的阅读文章为*Rethink，reuse，recycle*，文章通过介绍了三个环保小故事，介绍了环保理念与方式。文本的语言目标为理解文章大意及文章中出现的重点词汇与短语，掌握构词法中前缀与后缀的构词规律与方式。依据阅读文本内容与语言学习需要，设计如下读后活动：

Post-reading

Task 1: Underline the words in the passage based on the words below, and compare the words to recognize how prefixes and suffixes may change the meanings of words .

think	use	usual	recycle	build	creat	protect
Special	recent	environment	important	inspire		

Task 2: Review the passage and use these words to fill in the blanks.

1. We always throw away the things we don't need anymore. Actually if you have a _____ （create）mind，they can be put to good use and nothing is waste.
2. Amy Hayes, Jessica and Wang Tao are good at _____ （recycle）.
3. Jessica uses old clothes to make cute and _____ （use）bags.
4. Wang Tao wants to build a theme park to show the importance of environmental _____ （protect）.

Task 3: Group work：Rethink about the things we don't need anymore and try to reuse and recycle these things. Work in group of four，and share your creative ideas with others.

【设计意图】文本中出现了大量派生词，学习并总结相关前缀、后缀的构词规则与意义是本课的语言知识重难点。读后活动的设计回归文本，从文章中找到相关词汇，并引导学生进行对比分析，总结常见派生词的构成与意义。在进一步的活动中，结合文本设计填空练习，对文中内容进行转换表达，由阅读的语言输入转化为语言输出。最后生成环节结合文本主题与实际生活，引导学生进行自由表达，提升学生的语言综合运用能力。

（二）聚焦文化意识培养的读后活动设计

语言是文化的载体，在语言学习活动中文化是不容忽视的部分。文化意识也是英语学科核心素养的价值取向，它包含了对中外文化的理解和对优秀文化的认同。在初中英语的教材中，有许多有关中外文化的阅读文本，恰当的读后活动，能够深化主题，有助于帮助学生树立文化自信，学会做人做事。

【课例呈现】

八年级下册第六单元围绕传说和故事（Legends and stories）而展开。Section A部分以中国传统故事为主线，3a是一篇介绍孙悟空的短文。通过阅读文本，并开展相关活动，可以引导学生讲好中国故事，增强国家认同和家国情怀，坚定文化自信。

Post-reading activity

Task 1: Read and think.

Why are the children interested in reading the story of Monkey King?

Task 2: Group work: Recommendation.

Andy is an American boy, and he is interested in Chinese culture. Can you introduce the story of Monkey King（or other Chinese tradition stories）to him.

【设计意图】此读后活动的设计是在阅读后对文章进行深入分析和转换表达。通过阅读传统故事、分析传统故事中经典人物形象的优秀品质。再通过活动设计，以读促说，向外国朋友口语推荐传统故事。引导学生说好中国故事，宣传中国文化，树立文化自信。

（三）聚焦思维品质培养的读后活动设计

思维品质体现英语学科素养的心智特征。思维品质的发展有助于提升学生分析和解决问题的能力，对事物做出正确的价值判断。读后活动基于文本的读后拓展，是培养学生思维品质的最佳时机。

【课例呈现】

八年级下册第五单元Section A的阅读文章为*The Storm Brought People Closer Together*。这是篇关于美国亚拉巴马州遭暴风雨后人们互相帮助的故事。读后活动中，通过问题引导学生结合实际进行思考与讨论。

Thinking and discussion

Q1: What other things can bring people closer together?

（Ey: An earthquake, a flood, a virus ...）

Q2: How can we help each other in times of difficulties?

Students think of the questions and share their ideas with each other.

Applying

Imagine you are in Henan Province this summer, and your city is having a heavy rainstorm now. What are you going to do to help each other? Share your ideas in groups and present your ideas to the class.

【设计意图】此读后活动旨在引导学生对社会时事进行评价与分析，结合实际谈自己的看法与观点。学生在理解文本内容与观点的基础上，结合社会实际，思考自己的行动方向，并表达自己的观点态度。此类活动有助于提升学生分析和解决问题的能力，引导学生对事物做出正确的价值判断。

（四）聚焦学习能力培养的读后活动设计

学习能力是构成英语学科核心素养的发展条件，学习能力能够帮助学生自主、高效地开展学习，养成良好的学习习惯。授人以鱼不如授人以渔，学习策略的合理运用和语言知识的掌握同等重要。

【课例呈现】

八年级上册第二单元的单元话题为空闲时间的活动（Free time

activities），主要谈论日常活动发生的频率。Section B部分的阅读文本为 *What Do No.5 High School Students Do in Their Free Time* 文中详细介绍了一次问卷调查的统计结果，读后活动的设计引导学生提炼文章中关键信息，对调查结果进行分析汇报，并设计自己的调查问卷。

Post-reading activity

Make a pie chart to show the result of this survey, and do a report to introduce your attitude towards the survey result.

Homework

Design your own survey report on free time activities（or on other topics）. Ask your classmates how often they do this activity and make a pie chart.

【设计意图】读后活动设计要求学生对文本内容进行整合分析，根据阅读所获得的信息制作图表，并进行报告陈述。此类活动能够提升学生的资源整合与处理能力，帮助学生更好地通过阅读获取关键信息。同时作业设计也是读后活动的一部分，是对文本内容的拓展，引导学生搜集任务信息，拓展学习渠道。

二、结语

英语阅读教学中的读后活动设计，能够使课堂得到升华，使学生的综合能力得到提升。人教版初中英语教材中有许多内容精彩、形式丰富的阅读文本，在开展读后活动时根据阅读文本的特点设计切合主题、符合学生认知水平的读后活动能够更好地达成教学效果，激发学生英语学习的兴趣，全面提升学生英语学科核心素养。

参考文献：

［1］李冬梅.例谈初中英语读后活动设计基本原则［J］.英语学习，2016（2X）：62-64.

［2］葛炳芳.英语阅读教学中的读后活动：理念、策略与思考［J］.中学外语教育学，2018（12）：14-8.

基于主题意义发展学生思维品质的
阅读教学实践

周 晶

一、引言

新课标提出英语课程要培养学生的核心素养，也就是语言能力、文化意识、思维品质和学习能力四个方面。其中，思维品质指"人的思维个性特征，反映学生在理解、分析、比较、推断、批判、评价、创造等方面的层次和水平。""思维品质的提升有助于学生学会发现问题、分析问题和解决问题，对事物作出正确的价值判断。"同时，新课标还指出主题意义为语言学习提供主题范围或主题语境。学生对主题意义的探究应是学生学习语言最重要的内容，它将直接影响学生对语篇理解的程度、思维发展的水平和语言学习的成效。因此，在阅读教学过程中，教师应当充分挖掘文本的主题意义。同时，在教学设计过程中应当将思维品质的培养作为教学重点。

二、基于主题意义发展学生思维品质的阅读教学的重要性

语篇是现实生活中为了完成特定交际目的而产生的语言，而交际的目的便是语篇的主题。语言学习实际上就是在特定语境中学习有主题意义的语篇。反之，掌握主题意义才能更好地实现交际目的。阅读语篇作为学习的素材，不仅包含着语言知识，而且蕴含着丰富的主题意义。因此，在阅读教学中教师需要积极地分析文本，深入挖掘语篇的主题意义。同时，新课标也提倡英语教学应当以主题意

义为依托来开展教学活动、组织教学内容，并指向核心素养的培养。

　　思维品质，这个概念首先由美国心理学家吉尔福特提出的。也有部分心理学文献把思维品质看作个性思维活动中智力特征的表现，他们认为思维品质反映了个体智力或思维水平的差异。而新课标认为在英语阅读教学过程中，思维品质应当是重要的教学目标。具体来说，思维品质可分为逻辑性思维、批判性思维和创新性思维品质。笔者认为，思维品质的训练应当渗透在日常教学中。而阅读教学作为深度学习的有力依托，更需要注重学生思维品质的训练。但是在实际教学中，大多数教师容易忽视文本的主题意义，也难以开展指向思维品质的阅读教学。因此，下文将以八年级上学期的一节阅读教学课为例具体阐述如何在阅读教学中挖掘主题意义并发展学生的思维品质。

三、基于主题意义发展学生思维品质的阅读教学设计

（一）深入语篇的主题意义分析

　　本文依据人教版英语教材八年级上册第一单元中Section B的阅读语篇为例，阐述基于主题意义发展学生思维品质的阅读教学。本单元的主题为假期生活，Section B主题为假期旅行，属于人与自然和人与社会的双重主题。阅读语篇主要介绍了在马来西亚旅行的见闻。作者在文章中描绘了马来西亚的人文和自然景点，体现了当地的风土人情。同时，读者通过作者两天的行程，感受到了不同的旅行体验。文本包含两篇日记，分别描述了作者两天不同的行程，是典型的旅行日记，属于叙事性文体。其基本结构包括时间、地点、人物、旅行见闻、感受等。同时，文本自带的配图可以帮助学生在阅读过程中进行预测，并且直观地感受当地的美景。作者按照时间顺序展开，整体逻辑清晰。而作者笔下晴空万里的乔治城和风雨阻路的槟城山之行，让读者感悟到生活处处充满意外，我们应该保持良好的心态，接受旅程中甚至生活中的一切。作为旅游日记，本文介绍了马来西亚、槟城、乔治城、海墘街等景点的基本信息。学生通过文本可以充分了解马来西亚的风土人情，开阔视野。教师在课后作业部分要求学生用英语介绍家乡景点，感悟家乡之美、祖国之美，激发学生对祖国和家乡的热

爱之情。

（二）创设主题情境，理解语篇的主题意义

教师与学生进行课堂初始阶段的Free Talk。通过提问If you have a choice, where do you want to go for the next summer vacation? 引出暑期旅游这个话题，激发学生思考假期想去的地方，为后续的旅游日记阅读做铺垫。接下来，教师开展读前活动。在此环节，教师设置情境，模拟与好友Jane微信语音电话的过程，创设真实的交际情境，并初步介绍马来西亚，引导学生明确话题——马来西亚旅游。在这一过程中，教师展示图片并播放视频。这一系列活动可以带领学生了解槟城、乔治城、海墘街等地的基本信息，引导学生产生兴趣，想要进一步探寻槟城旅行。

（三）利用阅读问题链和思维导图，培养逻辑性思维

教师依据文本特征和时间顺序设计问题链对第一篇日记进行提问。

1. Where did Jane go in the morning? How about the weather?

2. Who did Jane go with?

3. And what did they do?

4. What was their lunch like?

5. Where did they go in the afternoon? And what did she do?

教师通过问题链引导学生按照时间顺序了解Jane在槟城度过的第一天，提取旅程关键信息，包括时间、人物、地点、旅行见闻、旅程感受。通过寻读，顺利梳理文章内容，对旅游动线进行总结，概括出Jane的旅游路线。如图8-3所示。

图8-3　Jane的旅游路线

基于已知信息，学生需小组合作完成思维导图。在这一活动中，学生通过小组合作，对文章内容进行总结和概括。在完善思维导图的过程中，进一步整理和归纳已知信息，形成结构化知识，发展学生的逻辑性思维。如图8-4所示。

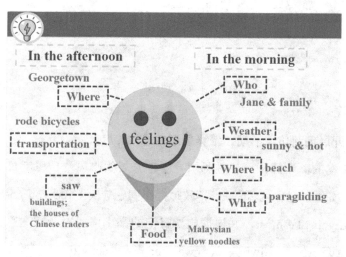

图8-4 关于Jane旅行的思维导图

（四）开展自主阅读活动，培养批判性思维

教师要求学生利用思维导图，口头复述课文内容。学生需要运用自己的语言，根据思维导图自主复述Jane的第一篇日记。通过复述日记，学生能够利用思维导图所提取的关键信息进行文章内容的自主精加工，进一步提升学生的表达能力。

接下来，学生需要自主阅读第二篇日记。学生与小组成员进行深入讨论，比较两篇日记的异同，并进行记录。在此基础上，学生总结出关于日记的内容框架，如图8-5所示。此类活动要求学生进行综合分析和同类事物比较，进一步挖掘出学生的潜能。在此类活动中，教师应当创造条件，帮助学生完成从输入到输出这一过程。教师应在学生对于语篇进行深入描述、分析和评价筛选等活动的基础上，引导其分析新获取的语言知识，指向批判性思维的培养。

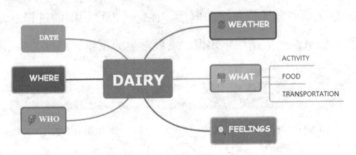

图8-5　日记的内容框架

（五）开展创新仿写活动，培养创造性思维

完成文本的深度阅读后，教师引导学生开展头脑风暴，思考日记这一文体有何特点，如图8-6所示。下一步，教师提出问题Where did you go last summer和What did you like most，并根据旅游日记的基本格式以及行文思路，即时间when、地点where、人物who、天气weather、活动activities、感受feeling等绘制出属于自己的假期一日游思维导图。学生完成文章的初步构思和基本框架后，可利用思维导图进行日记写作，补充具体内容。学生在写作过程可适当运用阅读文本中的词句。

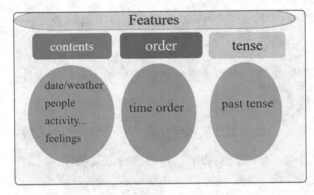

图8-6　思考日记文体的特点

四、结语

语言作为实际生活中的交流工具，其蕴含的思维发展潜力也不容忽视。在阅读过程中，学生既能够进行语言知识的学习，也能深入感知语篇的主题意义。并且在阅读教学过程中，教师可以开展有层次的英语学习活动，引导学生梳理语篇逻辑，掌握文章结构进而深入分析语篇，进一步超越语篇。教师可以引导学生对文本进行批判性思考和深入分析，开展讨论或辩论等批判性阅读活动。同时，在文本阅读的过程中，教师可以渗透仿写或读后续写等读写结合的活动帮助学生进一步创新。总的来说，基于主题意义培养思维品质的阅读教学值得广大教师进行深入的探索与研究。

参考文献：

［1］中华人民共和国教育部.义务教育英语课程标准（2022年版）［M］.北京：北京师范大学出版社，2022.

［2］陈则航.义务教育英语课程中的思维品质培养［J］.教学月刊：中学版（外语教学），2022（5）：12-19.

［3］常雪梅.探究主题意义，发展思维品质的初中英语阅读教学实践［J］.海外英语，2021（5）：96-97，99.

［4］程晓堂.基于主题意义探究的英语教学理念与实践［J］.中小学外语教学（中学篇），2018，41（10）：1-7.

［5］刘道义.谈英语学科素养——思维品质［J］.课程·教材·教法，2018，38（8）：80-85.

初中英语阅读教学策略

马 晓

一、引言

初中是学习语言一个非常重要的阶段，而英语阅读作为语言技能的重要组成部分，是语言输入的一个非常重要的环节，同时在英语教学中占据着重要位置。初中的阅读课是学生阅读能力培养的主要阵地，所以培养学生的阅读能力是主要的教学目标之一。科鲁先生曾主张把英语的大量阅读当作教学的主要手段。

在当前的素质教育理念下，英语的阅读教学要与时俱进，树立新型的教育理念，培养学生的阅读能力，提高学生的英语阅读能力。然而，在我们实际的英语教学中，英语阅读却存在着一些问题，而这些问题使英语阅读教学难以取得很好的效果，不利于学生英语水平的提高。那么，在当前的新课程标准下，如何能更好地进行阅读教学，发挥好学生的主体作用，提高学生的阅读能力呢？

二、初中英语教学存在的问题

（一）教学模式不新颖

在传统的教学模式中，教师占据着主体地位，教师讲得多，学生参与得少。许多教师在英语阅读的教学中，教学目的不明确，目标不突出，重视语言知识的学习，把阅读硬生生做成了文章翻译，没有调动学生的积极性，使得课堂氛围沉闷，学生失去了学习英语的积极性，进而影响了学生的阅读效果。而我们实际的课堂教学模式应是教师起辅助作用，学生占据主导地位。

（二）词汇记忆模式不新颖

新课标对英语教学的要求越来越高，而我们的教师并未改变传统的教学模式，在词汇教学上仍采用教师带读—学生跟读的形式，造成学生固化词汇记忆模式。词汇是英语阅读的根本，在阅读中，学生必须认识现有读物中95%的单词，才能够顺利地进行阅读。但是由于传统的词汇教学法，学生掌握的词汇较少，阅读速度也因为词汇障碍而变得很慢，导致学生对阅读失去信心，造成英语阅读的挫败感，从而在英语阅读中产生恶性循环。

（三）缺乏英语文化教学

教师的自身素质限制了英语阅读教学的质量。初中九年级的英语教材阅读量大，教师为了提升进度，应付考试，对很多很有意义的阅读文章一带而过，教学内容简单枯燥，只注重课本教学，忽略了背后的文化输入。阅读文章如果仅仅从语言上去处理，那它取得的效果就是单一的，无法达到素质教育的要求，同时缺乏文化知识背景也会对学生的阅读造成障碍。

（四）课外阅读培养不重视

就目前初中生来说，课外阅读量偏少，不能为理解文章提供充分的输入，而过小的课外阅读量也不利于词汇的积累与语言能力的开展。在选择课外读物上，教师也没有注重挑选阅读材料的时效性，没有挑选合适的刊物作为他们的课外阅读材料。

阅读有多种目标，包括信息寻找（read for information）、阅读技能提高（read for skill）、语言知识获得（read for language）、生活乐趣增加（read for enjoyment）等。对于初中生来说，阅读的首要目标就是技能提升和语言能力提升。明确这两个主要目标后，可以针对初中生的年龄特点去设计一堂他们感兴趣的阅读课。

三、树立以教师为主导、学生为主体的教学理念

以八年级下册第八单元Section B为例来解析在新课标下如何利用教师为主

导、学生为主体的教学理念设计一堂阅读课。

在这节阅读课结束后，学生能够提取文本中乡村音乐的关键信息，梳理故事脉络，了解乡村音乐背景知识，增加文化积累，开阔视野。对比分析不同时期乡村音乐的风格，有逻辑地阐述自己的观点，并做出评价。欣赏乡村音乐，培养学生对音乐的热爱。

（1）导入部分要新颖、多样，吸引学生的注意力。

Could you go to the country music fest with me?

Win a ticket! Let's go!

以参加音乐会的形式开始，引起学生的兴趣，唤起学生的情感，让学生产生共鸣，随后再播放一曲乡村音乐的歌曲，让学生以最积极的精神状态投入阅读课堂中。随后教师介绍The history of country music: Country music began in the 1920s. Then in the 1940s and 1950s, it came to Nashville...让学生了解乡村音乐背后的历史，了解乡村音乐的背景知识，增加文化积累，开阔视野。

（2）阅读中，教师设计有趣的思维导读，给出关键词，让学生从阅读文章中准确地捕捉信息，然后归纳概括，最后用自己的语言进行阐述。

通过设计乡村音乐发展史的时间思维导图，如图8-7所示，理顺事件发生的顺序，加深对文章的整体把握，让学生可以通过合作与交流的学习方式，对乡村音乐的发展有一个全面的了解。

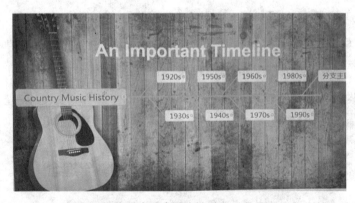

图8-7 乡村音乐发展史的时间思维导图

接下来教师给出关键信息，让学生对信息进行加工，理解文章的大意。如图8-8所示。

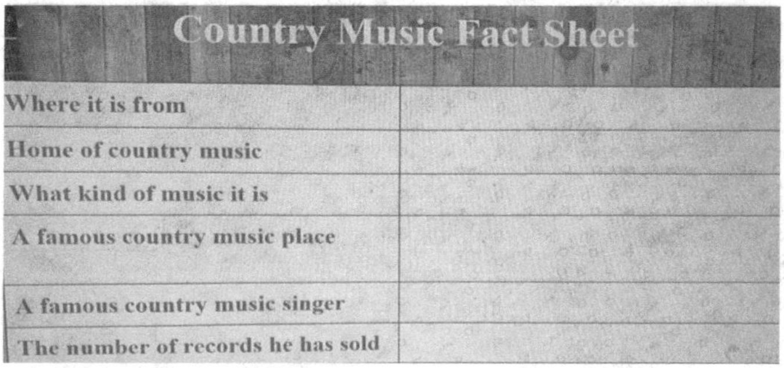

Country Music Fact Sheet	
Where it is from	
Home of country music	
What kind of music it is	
A famous country music place	
A famous country music singer	
The number of records he has sold	

图8–8　根据关键信息理解文章大意

学生在阅读完后，回答表格内的问题，能够加深对重点段落和整篇文章的理解，从而对乡村音乐有了很深刻的了解，达到享受文章阅读的目的，进而达到教学目标。

（3）创设问题性情境，设计趣味性思考性的问题。教师可以精心设计一些激发学生兴趣的问题，有些问题还可以让学生参与讨论，从而进一步了解作者的观点和态度，提高学生们捕捉信息的能力，从而提高学生的阅读能力。

① Who is Sarah?

② Where is she from?

③ What is Sarah’s changes?

④ What’s country music about?

⑤ What is Sarah’s dream?

引导学生从Sarah入手，深入了解乡村音乐。学生带着这些问题，必须对文章进行细致深入的阅读，问题④可以在前面阅读的基础上，进一步引发学生对问题的思考，随后通过学生的口头训练，提高学生的阅读能力。

（4）在阅读中，以复述故事发展的形式，让学生组织自己语言，去理解、去归纳，教师可以设计简单的复述思维导图，让学生顺着思维导图陈述自己的观点，通过故事复述，可以培养学生的口头表达能力。如图8-9所示。

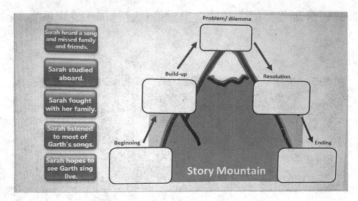

图8-9　复述思维导图

四、结语

英语阅读是英语教学整体环节中不可或缺的一部分，作为教育者，一定要重视英语阅读对于学生英语水平的提升价值。要转变传统思维，树立素质教育理念下的新课标思维，把英语教学的知识与生活实际相联系，改变初中英语阶段中"会学不会用"的现状，从初一开始加大课外阅读的量，优化英语教程结构，课堂教学内容丰富多元化，从而激发学生学习的内在动力与兴趣，培养其英语阅读习惯，使英语教学的整体效果得到极大地提升。

参考文献：

[1]教育部.义务教育英语课程标准（2022年版）［M］.北京：北京师范大学出版社，2022.

[2]程晓堂.基于主题意义探究的英语教学理念与实践［J］.中小学外语教学，2018（10）：1-7.

[3]马薇薇.浅谈初中英语阅读教学方法［J］.软件：教育现代化（电子版），2015（3）：93.

[4]刘海英.习语的认知研究概念隐喻在习语习得中的应用［D］.大连：辽宁师范大学，2012.

浅谈提高英语阅读能力的策略

谭 帅

一、引言

由于中考改革，阅读题目在英语试卷中的比例大大提高，因此学生要想获得分数，阅读就理所当然成了复习的重中之重和焦点，而经过对英语真题试卷的分析，可以发现关于语言的能力测试题达到了约60%，如果再加上和写作有关的其他语言能力测试题，这种比重就很高了。部分学生在进行阅读理解时产生恐慌心态，丢分比较多。究竟要采取什么办法才能提高阅读的效果？

二、提高阅读能力的方法

（一）学生们最愿意阅读的是有趣的叙述类文章

首先，要挑选主题广泛、篇幅简短、内容丰富、内容创新的阅读材料。同时，在阅读内容的选取时，要有目的地进行。注意选取那些饶有趣味的文章，以吸引学生的读书兴趣。据统计，更愿意读书的是有故事情节的记叙文。例如，在教授九年级全一册二单元I think that the mooncakes are delicious 写作之前，教师可以先进行不同国家不同的节日阅读，让学生在了解后总结归纳出写作方法。

（二）猜单词、一词多义、课外阅读，都是积累单词很好的方法

在阅读过程中，碰到大量生词是必然的，这就需要学习者了解猜词技能和办法，以提高对文字的阅读理解能力与水平。因此，我们可以在平时的阅读教

177

学中，教给学生以下的几个猜词诀窍：运用概念、理解说明或同位词来猜测；运用构词法知识来推断；或通过对上下文的提示来推断。

英文单词存在着一词多义的情况。要根据具体的语言环境，按照句子的意思正确理解词语，但不能单靠对词语中某一含义的记忆，而胡乱翻译。因为英文词语的各种词性都是十分广泛的，准确研究词语结构，通过把握句子分析名词的意义可数与否，加深对句子结构，特别是长句结构的正确掌握，进而增强对整篇文章意义的正确认识。

积累词汇的终极目的是应用，而非储存。学习者在了解必要的词汇之后，必须进行应用，提高产出能力。实践也证明了，新掌握的词语只有经过不断地使用与实践才会掌握得越来越扎实，才能够变成可以真正应用的文字素材。而尽管学习者已经在课堂内外都掌握了相当丰富的词语，但在具体的语言表达和写作过程中仍然还会用到一些比较初级的词语和表达。所以，应把在读写课文中遇到的关键字词、短语或句型，应用在平时的写作中。

要想完全掌握单词，并达到熟记活用，还必须借助各种材料，拓宽视野，提高词汇量。通过有意识的重复记忆，将生词变为常用单词，将单词组成词语。引导学生读中英文对照等比较浅显的文学名著，帮助学生掌握某些单词的地道用法，同时经常从课外阅读中联系已有的单词，加深认识。如果长久坚持下去，学生就能自然而然地记住不少单词了。

（三）将背诵和默读结合，以培养学生正确的阅读习惯

通过利用诵读的心理机制，正确进行诵读和默读，可以提高学生的阅读效率，从而提高自主阅读的水平。对情节较为生动的材料，可以利用早自习时带感情的诵读，促使学生在诵读中加深理解。在阅读课上，还可以采取限时阅读的形式，逐渐提高学生的阅读速度。

同时，阅读习惯也很关键。通过采用限时练习、跳读、略读、寻找关键词句等阅读技巧，帮助学生纠正错误的阅读行为并提高读写速度，同时尽量多地给学生提供口语实践的机会，运用已学知识对特定议题进行探究、答辩、演说等，提高其英语的运用水平。

另外，文化背景学习不仅可以提升学生的阅读兴趣，而且可以促进他们对读书素材的消化吸收与储备。从而大大提高他们阅读的积极性。

新课标背景下如何高效进行初中英语阅读教学

廖淑珍

英文是一门综合性学科，它涵盖了听、说、读、写。由于语言类课程自身的特殊性，使得中学英语教学难以得到有效的提高与发展。再加上《义务教育英语课程标准（2022年版）》，在词汇、阅读和课时等方面的改革，增加了阅读教学的量。因此，结合新课标对初中英语课程的调整和要求，基于学生的实际教学，作者就当前的英语阅读教学现状及在新课程的背景下如何更好地进行阅读教学进行探讨。

一、浅析英语阅读教学现状

（一）时间紧迫，工作繁重

在新的课时安排上，英语的课时仅占6%～8%，在各科目中排在最后三名内。虽然缩短了课程时间，但英语考试的难度却没有下降，相反，在某些方面还有所提高。

首先，课程的困难程度有所改变。《义务教育英语课程标准（2011年版）》把义务教育英语教学分成5个等级，而《义务教育英语课程标准（2022年版）》减少为3个等级，每个级别都有一个"+"。从5级减到3级，每一级的难度都会增加。而"等级+"是给学有余力的学生提供的，从这一点就可以看出，对学生的能力有了更高的要求。

其次，词汇量的增长。义务教育英语课程标准（2011年版）规定，义务教育阶段的词汇量为1600个，而《义务教育英语课程标准（2022年版）》要求的最大词汇量是2000个，增加了400个单词。由于英语教学本来就难以完成，现在又新增了数百个单词，这使得很多英语教师必须考虑怎样才能更有效地进行英语教学。

此外，阅读的需求也增加了。与以前的教材相比，新教材新增了三个"+"的测验项目：

（1）理解语篇中显性或隐性的逻辑关系；

（2）根据重复、解释和停顿，理解话语意思；

（3）理解非文字资源表达的意义。

通过上述的分析发现，传统的应试教育方法在阅读中已经不起作用，现在越来越重视对英语的运用，只有把文本的内容理解透彻，才能把高难的问题解决。

（二）重视文法知识而忽视了能力的训练

在新课标中，改变了过去突出学科本位、忽略整体育人功能的问题，把英语教学目标从整体语言应用能力转变为语言能力、文化意识、思维品质、学习能力四个层次，凸显了全新的教育理念。从这一点可以看出，新课标注重培养学生的核心素养。回到当前的英语阅读教学中，一些明确阅读课还不能算是真正的"阅读"，教师的教学内容仍然局限于语言、词汇、语法等方面，忽视了篇章的教学，导致了学生对文本中蕴含的"育人"认识还不够深入，教师无法明确作者的意图，也没有很好地利用学科内容，将语篇背后的意义传达给学生，这使得很多"育人"观念只能停留在口头层面。

二、提高学生英语阅读能力的对策

（一）立足语篇，深挖主题意义

为解决以上问题，结合新课标的思想，教师要在义教阶段以篇章为参照，充分发掘其内涵，深入探究题目的含义，并回答三个问题，即题目和内容是什么；作者的目的和价值取向是什么；文本的问题特征、内容结构和语言特征是什么。由于教师的个人水平、经验和实践水平的差异，对主题的理解和评价也会有所不同，所以在这一阶段，教师要从多个方面去挖掘与学生生活和学习有关的话题。

（二）基于主题，整合教学内容

传统英语教学中，教师拿到课本后，都是按照课本内容的安排，一节一节地进行，并不会考虑每节课之间的关系。现在，我们从整体上来看，有些单元和课时之间是有一定联系的，但是在教材的编排上，却没有体现出来。在这种情况下，教师要把有逻辑关系和主题意义的文章重新整合起来，使学生能够更好地理解文章的主题意义和作者意图。以人教版初中英语九年级全一册第一单元How can we become good learners为例，本单元以学习方式为主题，探讨不同的学习方式和策略，以指导学生以正确、科学的方式去做事情。在 Section A部分，教科书所提供的内容都是关于学习方法的，在 Section B中，讨论了一个子话题，即英语学习中所遇到的difficulties。如果教师根据课本的先后次序讲授，首先讨论英语的学习方式，然后讨论英语学习中的难点，这与我们平时的思维方式是不一致的。所以，笔者在讲课的时候，把教学的顺序做了一些调整，首先让学生从现实出发，思考英语学习中的难点，然后再想出相应的对策，让他们在speak out the solutions环节里，充分发挥自己的聪明才智，想出解决问题的办法。

（三）多样活动，助力语篇理解

新课程标准为了落实核心素养，倡导教师在教学过程中要践行英语学习活动观。英语学习活动观是一种学习观念和方法的总称，它所反映的学习观念是在体验中学习、在实践中应用、在迁移中创新。基于这一理念，在课堂上教师可以进行多样化的活动设置以助力语篇理解。比如，对于一些结构清晰、内容与学生的生活紧密相连的文章，教师可以采用"将课堂交给学生"的方法，学生作为"小老师"，通过对课文的分析、材料的收集，从不同的视角进行思考，再由教师进行补充，从而体现学生在体验中学习、实践应用的思想。另外，在阅读部分，除了让学生回归到教师设定的题目或课本上的题目外，还可以根据不同的题目，选取适当的篇章，让他们从不同的角度提出问题。这种教学方式有别于传统的教学方式，通过改变学生的角色，可以激发学生的学习热情，使他们更好地理解文章。

（四）拓展阅读，丰富阅读资源

正如前面所述，新课程标准对词汇有了新的要求，最高级别的词汇是2000个，相较之前增加了400个。那么，怎样才能完成400个新单词的教学任务？这数400个单词该怎么教呢？在这种背景下，教师有必要为学生提供一定的课外阅读资源。当然，选择合适的阅读材料也是很重要的。一方面，教师可以从教科书中选择与题材有关的课外读物，从某些青少年报刊中寻找，并结合不同的教材，选择适当的素材。同时，教师还能引导学生完成一本英语经典著作的阅读。学生在课外阅读的同时，也可以提高阅读兴趣，养成阅读习惯。

新时期、新标准、新政策。就英语阅读教学而言，以上仅是一些笔者在日常的工作与生活中的经验。那么，作为一名一线老师，我们所要进行的探究和思考绝不止于此。根据不断变化的课程内容、不同的学生，如何调整我们的教学，采取什么样的教学的方式值得我们每一个人去思考！

探究方法，高效教学

——初中英语阅读教学方法探究

周 巧

开展英语阅读教学需要学生有一定的英语积累。初中阶段的学生已经接触了英语，有一定的英语基础，也开始搭建起英语知识框架，并且有一定的阅读能力、理解能力和英语学习策略。因此，在初中阶段开展英语教学及其重要，能够让学生对英语知识和学习策略进行综合性的应用，从而在阅读的过程中树立对英语的正确认识，理解英语作为一门工具的重要性以及在英语阅读过程中学习到更多的知识，更加了解中西方文化。

一、初中英语阅读教学的重要性分析

在英语阅读过程中，学生能够获取知识，教师也能够检验学生的学习效果和综合能力。因此，开展阅读教学不仅仅是英语教学的过程，也是学生培养学习技能的方法之一。通过阅读教学，学生能够在阅读中更加理解英语知识，对英语知识和学习方法进行应用，同时还能够以英语为工具，阅读到更多的知识内容，了解更多的文化和其他学科的内容。英语阅读过程，不仅可以帮助学生增强英语的语感、巩固英语知识，而且可以培养学生对于英语学习的兴趣。可以说，开展英语阅读教学对于英语学习及其重要，具有一举多得的效果和作用。

二、当前初中英语阅读教学中存在问题

首先是对英语阅读教学的重视程度不够，教师往往忽略了采取有效的方法开展阅读教学。在教学过程中，只是让学生自行阅读，选出与阅读材料有关问题的正确答案，然后进行评价。在这一过程中，学生难免会有疑惑和问题，而教师灌输式的讲解方式无法帮助学生理解阅读内容，也无法纠正阅读过程中的错误，更无法培养学生良好的阅读习惯。

其次是在英语阅读教学过程中，教师往往忽视了对英语教材的挖掘和课外拓展，使学生脱离了英语教材内容，也没有进行拓展延伸，只是孤立地完成作业或试卷上的阅读题，导致阅读教学僵化，没有发挥阅读对于提升学生英语能力的有效性。

三、初中英语阅读教学方法探究

在英语教学过程中，教师一定要探究方法，实现高效的阅读教学。只有实现了教学的有效性，学生才能够更好地巩固英语知识，更好地对英语知识进行应用，更加理解英语一门语言和一种工具的作用。教师需要帮助学生巩固语言

知识，打牢阅读基础；立足于英语教材，培养有效的阅读技巧；还要带领学生进行广泛的阅读，进行拓展延伸、强化其阅读能力。

（一）巩固语言知识，打牢阅读基础

阅读学习是对学生综合能力的检验，学生不仅仅要在开展英语阅读过程中对单词进行识记、对句子进行理解，其篇章理解能力也要受到检验。在阅读教学过程中，既要考查学生的综合能力，又要培养学生的综合能力。可以说，学生的英语水平在阅读中得以体现。学生需要读懂文章中的词汇、短语、句型等，因此学生在进行英语阅读的时候会受到英语语言知识的限制。教师在教学过程中，一定要让学生做好准备，打牢基础，这样教师也才能够更好地开展英语阅读教学。只有学生掌握了要求的词汇、句型、语法，才能够更好地理解文章。

例如，在阅读Bruno was a boy of eight...这篇文章的时候，文章中涉及了一些基础单词father，cinema，school，playground，clothes，还涉及了一些与英语语法有关的知识，如一般过去时态和特殊句型祈使句。整篇文章都需要学生以英语基础知识为基石进行阅读。因此，教师在教学过程中，一定不能忽视了对英语语言知识的巩固。教师开展英语阅读教学的时候，可以选择与每个单元有关的阅读话题。首先要打好单元的知识基础，带领学生进行复习巩固，然后再引导学生进行阅读。在这样的过程中，学生能够对基本的单词、单元的语法知识和句型进行理解记忆，然后在阅读的时候才能够更好地进行篇章理解。通过语言知识的巩固，帮助学生打牢阅读基础。

（二）挖掘英语教材，培养阅读能力

在英语阅读教学过程中要充分挖掘英语教材。在进行教学的时候，大部分阅读文章都与英语教材内容有关系，在英语教材知识的基础上，进行阅读材料的选择和题目的设计。教材上的内容适合学生的学习要求，包含各种各样的文章和丰富的主题，符合学生的英语认识情况和英语能力发展情况。因此，教师开展英语阅读教学的时候，一定不能脱离教材，而要将英语教材充分地利用起来，让学生在学习教材的过程中培养阅读能力。

（三）巧妙设问、深入阅读，提升思维品质

思维品质指人的思维个性特征，反映学生在理解、分析、比较、推断、批判、评价、创造等方面的层次和水平。思维品质的提升有助于学生发现问题、分析问题和解决问题，对事物做出正确的价值判断。八年级上册第二单元How often do you exercise中Section B的阅读文章*What Do No.5 High School Students Do in Their Free Time*这是一份调查报告，通过这些数据，我们可以提问*What kind of people never exercise?* 学生回答的关键词有lazy people，fat people，sick people，disabled people...然后再进一步分析提问Why do they never exercise。教师引导，主题They have no choice，you are healthy，you are strong，you should do enough exercise或者you are healthy，you are strong，you should do more exercise.

（四）进行阅读拓展，强化阅读能力

学生学习英语知识，其目的在于能够让学生进行应用，以英语为工具，学习更多相关知识。学生在课堂上学习的时间有限，课堂上主要开展英语语言能力的培养和基础知识的教学，留给阅读教学的时间相对较少。因此，要强化学生的阅读能力，一定要引导学生进行课外阅读的拓展延伸，进行广泛的英语文章阅读，从而提高阅读能力。课外英语文章阅读的选择具有广泛性和灵活性。教师可以让学生选择自己喜欢的文章阅读，既可与教材有关，也可以涉及其他学科知识，如教师可以选择《绿野仙踪》《小王子》等的简化版本或者儿童版本让学生进行阅读，也可以选择与教材有关的阅读文章，如一些科普性文章和报道性文章。通过课外拓展延伸，学习的梯度有所增加，学生可以针对自身的兴趣和能力进行选择，也是符合分层次教学的。学生能够根据自身的阅读需求和英语水平进行适当的选择，从而能够更好地掌握英语知识，并且在英语阅读过程中提升自身的阅读能力，了解更多其他方面的知识，促进学生的全面发展。

四、结语

总之，英语阅读教学既需要学生有丰富的知识积累，又需要学生有一定的

学习策略，更需要学生能够将英语知识进行应用。教师在开展英语阅读教学的过程中，要认识到初中英语阅读教学的重要性和其中存在的问题，针对问题探究有效的方法，实现高效的英语阅读教学。教师要引导学生巩固语言知识，打牢阅读的基础；挖掘英语教材，培养学生的阅读能力；进行拓展延伸，强化学生的阅读能力。通过有效的教学方法，实现高效的英语阅读教学，从而帮助学生巩固英语知识，进行知识运用。

参考文献：

［1］徐永刚.初中英语阅读教学策略探究［J］.读写算，2021（23）：136-137.

［2］高生贵.浅谈初中英语阅读教学提升策略［J］.考试周刊，2021（50）：99-100.

［3］教育部.义务教育英语课程标准（2022年版）［M］.北京：北京师范大学出版社，2022.

浅谈如何培养初中学生的英语阅读能力

张点点

一、初中学生英语阅读能力培养中的问题

大部分英语教师都认为阅读能力很重要，而且也明白学生英语阅读能力的培养与阅读课上教师传授的阅读策略、阅读方法以及课外对于培养学生自主阅读能力的重视程度有关。然而在平常的英语阅读教学中，教师常常过于注重课文中出现的重要短语、重要句型以及重要语法这些语言基础知识的掌握，而忽视了对学生阅读能力和文化意识的培养。结合实际情况，以下是一些在初中学

生英语阅读能力培养中常出现的问题。

（一）教学环节不新颖

在目前的教学方式中教师们往往只是根据文章设计阅读题目，让学生一个接一个地去解答题目来习得阅读技巧。在这个过程中，学生习得的阅读技巧是零散的，学生难以归纳总结这些技巧并内化成自己的阅读技能。所以学生缺乏语篇意识，难以主动投入阅读中。而且教师们往往注重课本上文章的教学，尤其注重课文中出现的重要短语、重要句型以及重要语法这些语言基础知识的掌握，但不重视与文章有关的历史文化等有趣的东西，同时教师往往受课堂时间限制更不会进行文化拓展。久而久之，学生对英文阅读就没有了兴趣。在被动学习下，学生的阅读能力也难以提升。

（二）不重视课外阅读的培养

在日常英语阅读教学中，教师主要还是用教材中的文章进行阅读教学。其实，为了提升学生的阅读量，教师可以根据学生的实际情况，选择一些趣味性较强且难度适当的英文作品让他们阅读。但大部分教师都把精力用于应对英语考试上，因此不重视课外阅读的培养。

二、培养初中学生英语阅读能力的策略

那么教师应当怎样培养学生的英语阅读能力呢？下面笔者结合实际，浅谈培养英语阅读能力的一些策略。

（一）提高教师自身的素质

常言道，要给学生一杯水，自己得先有一桶水。首先，教师在钻研教材之外要多去阅读有关英语阅读教学方面的论文、期刊等，听有关英语阅读教学方面的讲座，并认真汲取能够用于自身课堂的先进理念，不断地提升自己的英语阅读教学水准。其次，教师要注重教学相长。平时上完阅读课后，可以通过向学生发布调查问卷，要求学生写下对于此次课堂的建议等加强与学生的沟通，并及时写下教学反思。同时，要注重集体备课，积极参与教研活动。教师之间要多进行互听、互讲、互评等交流活动，彼此取长补短。教师还可以积极参与

各种有关阅读课型的竞赛，在竞赛的过程中倒逼自己进步。另外，教师要养成阅读英语原著的习惯。多看英语文章，有效提升自己的阅读能力。

（二）注重读前、读中、读后三个环节的教学实施

读一篇英语文学作品，并不能只要求学生在读的过程中完成阅读题目和识记英语基础知识。教师要想有效地进行英语阅读教学，就必须要重视培养学生的语篇意识和文化意识，而这些需要依托阅读课上的三个教学环节：读前、读中、读后。

（1）在阅读前，指导学生利用课文的标题和插图来预测文章大意。英语文章的标题往往会直接点明文章的主题，有助于学生直观理解文章的大概内容。所以，多数文章内容都可以利用标题来设计有关文章大意的题目。如果课文有插图，也多是围绕文章的主要内容，教师也可创设适当的问题，如插图中的人物是谁，发生了什么等问题，可以以what，when，where，who，how引导的问题来指导学生分析文章内容。

（2）在阅读中，教师可以通过略写、寻读等形式，引导学生了解文章大意，并弄清本文的体裁、文章结构、段落关系等，从而全面了解文章的脉络，为精读做好准备。教师可设计如下的题型：找出每段的主题句或者关键词来总结段意；为课文挑选最合适的标题；等等。教师可以引导学生留意每段的第一句或者最后一句来推测段意，而且初中英语文章不难，一般采用总—分—总的形式，教师要引导学生注意文章的首尾段。学生把握住了文章大意，教师就要指导他们从整体到部分、从寻找主旨到发掘文段的具体信息、从文章的表面到文章的本质内核，从而深入理解课文内容。教师可设计如下的题型：阅读文章中的一段并完成相应的表格；根据文章判断句子的真伪；阅读回答问题；等等。此时，教师要指导学生回归文本。

（3）在阅读后，在帮助学生准确掌握文章的基础上，继续开展英语基础知识的学习并且拓展延伸与文章有关的文化知识。词汇与语法一旦离开语篇进行单纯的教学，那么学生掌握的知识就是零散化的，无法有效地进行输出。学生在掌握文章的基础上，继续进行英语基础知识的学习，让学生在语境下学习词汇与语法，便于其理解词汇的意思、用法以及语法的运用情况，同时加深学生对于这些知识点的印象。教师可设计如下的题型：用词语的适当形式填空、画线词语在文章中的含义、续写文章、缩写文章、复述文章等。同时，教师在阅读后可以拓展文章相关的文化知识，引导学生进一步进行思考。例如，人教版九年级5单元的Section B 的阅读文章是讲述传统民间文化艺术形式，里面提到了剪纸，就可以拓展常见剪纸图案的含义；教师还可以谈到本地传统文化形式，如湘绣等，最后引导学生要保护并传承传统文化。所以，教师能通过设计丰富的读后活动来帮助学生在分析语篇的过程中掌握单词结构和语法，从而在语言实践中培养英语综合能力，这才是英语阅读教学的目的。

（三）关于自主阅读能力的培养

通过生动且高效的英语阅读课堂能帮助学生掌握阅读技巧，然而要培养学生的自主阅读能力和语言综合运用能力光靠课堂是远远不够的，这就要求教师应当根据班级学生的实际情况，推荐一些适合本班学生的阅读资源。教师可以推荐一些趣味性较强且难度适当的英文作品让学生们读，如黑布林系列读物等。这些书籍贴近学生的日常生活，文字通俗易懂，能极大地提高学生的阅读兴趣；还可以向学生推荐英文歌曲和英文动画，让学生在娱乐中学习英语、应用英语，有效地培养学生良好的语感。良好的语感可以帮助学生更顺利地阅读文章，提升学生的阅读能力同时增强其学习英语的信心。为了进一步检测课后阅读情况，教师还可以开展相关活动，如"我最喜欢的一本书"分享比赛、英语歌曲唱歌比赛、英语配音比赛等。

三、结语

英语阅读能力的重要性不言而喻，但英语阅读是一项漫长的、需要积淀的学习过程，绝非一朝一夕的训练就能达到理想效果。所以在日常教学中教师注重通过改进教学方法来帮助学生培养良好的阅读习惯，激发起学生的阅读兴趣，进而提升他们的英文阅读水平。

第九章

教学的深度思考

初中英语阅读教学的心得体会

李 花

接触Go for it教材有10年多了。可以说这10年多的时间，对我是一种很重要的成长，也是一次很深刻的历练。从初登讲台时的胆怯与茫然，到现在的自信与明朗，我逐渐明白了教师对学生产生的影响是很大的。依稀记得初上阅读课，面对躲藏在文本中的语法知识，面对跳跃在文本中的语言知识，我试图把它们全都揪出来，一一罗列，毫无保留地传授给学生。我以为自己的负责，能够换来学生的感激与互动。可是课堂上，他们却埋头做笔记，丝毫不来搭理我。心里很不是滋味，难道他们对我的课不感兴趣吗？经过一次次的教研活动后，我恍然大悟。原来阅读教学不是语法知识的满堂灌，也不是停留在单词与词组的肤浅传授。英语教师的职责，是充分利用阅读文本，恰当地运用教学策略，培养学生读的兴趣，提高学生读的能力。于是我开始学习、运用正确的阅读教学模式，借鉴在教研活动中所学到的好的教学方法，在自己的课堂上慢慢实践。一番尝试后，我惊喜地发现，学生其实很愿意和教师互动。坚持下来，他们的学习兴趣也高涨了许多。经过两年多的课堂实践，我认为应该在下面三个方面把好关。

一、课前

在阅读课前，我总是会布置预习任务，要求学生运用已有的语音知识拼读生词或者跟读磁带，以此来预热新词汇。这能给认真预习的学生搭建自我展示的平台。在课堂上，他们能够较快地发出这些词汇的音，我会适当地给予表扬，鼓励其余学生学习。此外，我还设置了相关问题，要求学生能够带着问题去阅读文本，帮助他们以更好的状态投入课堂学习中。

二、课中

在课堂上，读前的导入起到承前启后的作用。我就设计自由讨论活动，选取对话课的内容，并自然延伸到阅读文本生词的呈现，如在上八年级上册第十单元I'm going to be a basketball player的Section B 3a时，我就抛出What are you going to do when you grow up，How are you going to do that，Where are you going 等问题鼓励学生自由讨论，转而展示Lucy的照片，并引出Then what is Lucy going to be when she grows up? How is she going to do that? Where is she going? 逐步呈现相关照片，激励学生看图猜测，自然导入新词汇。在这种轻松愉悦的氛围中，学生习得语言知识的速度就较快。更何况有课前的预习做铺垫，他们对于新词汇的掌握相对比较轻松。读中的文本处理发挥着至关重要的作用，能决定阅读课的成败。我一般采取表格的形式，以表格的形式为文本搭建框架，分层次布置任务，指导学生运用略读或跳读的阅读策略，去搜集信息、分析处理信息与归纳总结信息。在探究分解文本的同时，他们的阅读习惯和能力也得到了培养。当然，读后的活动也是必不可少的环节。每次阅读任务完成后，我就会根据文本内容设计丰富多彩的读后活动，或词汇练习，或短文填空，或口头讨论表格内容，等等。口头讨论能够检测学生的口语组织与表达能力，虽然他们经常会犯些小错误，但是他们敢于说，勇于说，是值得表扬的。仿写是我采取较多的一个读后活动，目的是以读促写，以写落实文本中习得的语言知识。写完后，我会鼓励学生互相分享彼此的文章，建议其他学生记录某些错误的语言表达。既能练习听力，又能在纠错的活动中，提高自己的语言水平。学生很善良，也很热心，他们会很仔细地去倾听，也会很认真地去指出其他同学错误。如此一来，大家在互帮互助中共同提高了。

三、课后

课后，我会要求学生进行一定的自我阅读，如每个星期一篇。要求他们在笔记本上摘录好词、好句，以此积累词汇量，逐渐养成自我阅读的习惯。

采用上述方法进行阅读课教学之后，学生对英语课文的畏惧心理消除了，绝大多数学生开始喜欢上阅读课了。他们认为，学完一篇课文，不仅可以了解英语国家的风俗习惯，还培养了自己敢说、爱读的好习惯，更重要的是自己的阅读理解能力提高了。在平时的测验当中，阅读理解题的得分率也不断提高。这也对英语教学的其他方面起了很大的促进作用。

阅读理解能力的提高，可以大大促进英语听、说、写能力的提高，它们之间是相辅相成的。而且，还可以提高学生的自学能力，为其将来的发展打下坚实的基础。但是我深刻地体会到，提高初中学生的阅读理解能力，是一个渐进的复杂过程。作为教师，只有在不断地实践与反思中，不断地总结与改进，才能取得进步。

关于批判性阅读的一点思考

邓佳颖

批判性阅读，是欧美课堂中非常常见的一种教学模式。令人惊讶的是，学生在这样一种思维带动下，有非常新颖和深刻的见解。但在另一边，我们国内的英语阅读似乎还停留在教师让学生记标准答案的模式。我们的学生普遍缺失一种与材料进行对话的能力，阅读和学生之间是脱节的。因此，加强批判性阅读的训练显得尤为紧迫。

一、什么是批判性阅读

（一）批判性阅读是一种与作者互动交流的阅读方式

作为读者，我们与作者是平等的。作者叙述观点时，我们也要同时进行思考：作者的观点是否正确？我是否同意作者的观点？作者的观点是否有充分的理论依据来支撑？所以在这样的情况下，读者不再是被动的阅读，而是积极的思考，与作者进行交流。

（二）批判性阅读是一种对文本的深度思考

我们在阅读时，要对文本的整体结构进行把握，对阅读材料的可信度和真实性进行把握。这里面涉及很多能力，如解释、分析、评估、概括。当我们使用这些能力去阅读时，才能达到对文章的深度思考。

举一个具体的例子，在下面的这段话中，对于"中学生使用手机是否合适"这个话题抛出了一个观点，作者写道：

Cell Phones are good for education for many reasons. You can use cell phones for research purposes. Although most schools have at least 1 computer in the classroom and a computer lab, sometimes this still isn't enough. It can also be expensive to provide a computer to each student at school, so a good option is to use cell phones for research instead.

在普通的阅读课堂中，教师会要求学生了解：What message does the author want to deliver?（作者想传达什么信息？）What is the central idea here?（这段话的中心思想是什么？）

但若是在批判性阅读的课堂中，教师会要求学生讨论、思考下面的问题：

What is the purpose of the author's words?（作者的写作目的是什么？）Is author's perspective supported by facts or opinions?（作者用于支撑观点的内容是事实还是主观判断？）Do you agree or disagree with the author's statement? What evidence is there to support your answer?（你同意作者的观点吗？有什么论据

支撑你的观点？）What is another way to look at the author's statement? Are there any better solutions to the issue the author raises? （怎样从另一面看作者的观点？作者提出的问题有没有更好的解决办法？）What is your opinion about students using phones in schools? （你对学生在学校使用手机怎么看？）

大家可以看到，批判性思维需要学生对文本进行深层次思考，积极地与作者互动。在把握文章结构的基础上，分析、解释作者的观点，并站在不同的角度看问题。

（三）批判性阅读是一种对知识不断探索和质疑的态度

很多情况下，当我们进行阅读时、思考一个问题时，往往不会拘泥于当前课本中、书本中的内容材料，我们还会参考大量的课外资料，来印证并支持自己想表达的观点。

所以，这样做的时候，阅读已经不再是"看这本书"，而是借助批判性思维，把自己和这个现实的世界，同时还有社会上更多的问题连接起来，就像在编织一张信息网。当穿梭于信息海洋之中，发现线索，连接线索，分析线索时，这一系列的过程就像破案一样，会在其中发现很大的乐趣。

二、为什么需要批判性阅读

（一）批判性阅读是一种提高写作的重要途径

经常有学生问，为什么学了这么多年英语还是写不出结构清晰的文章呢？如果我们有系统性的批判性阅读训练，就会对作者怎么样组织观点，怎么样利用细节来支撑他的观点有更好的认知和把握。

这样，自己在写文章时，就会有一个系统的写作知识体系。怎样组织结构，怎样举例引用，怎么样把观点显得环环入扣、引人入胜。从实际的角度来看，批判性阅读对写作很有帮助。

（二）批判性阅读是一种获益终生的思维习惯

现在是一个信息爆炸的时代，每天都有大量的信息扑面而来。相比阅读信息，我们更要有一双火眼金睛来分辨、过滤我们接收到的信息。因此，拥有一种多元化的思维方式变得非常必要。作者提出一个观点时，可以想一下这个观点是否合理，对自己是否有用，有没有其他的观点。

在我们拥有了这种思维方式后，面对世界中不同的事情，都能够用一种多元深刻的思维去结构化、体系化地思考问题、解决问题。

最后要说的是，批判性阅读其实是一种可以通过系统性的训练，逐渐获得的能力，可以在之后的阅读过程中慢慢尝试改变自己的思维。希望同学们可以在批判性阅读的锻炼过程中爱上阅读，并从阅读中收获自己的人生财富！

关于高效课堂下农村初中英语阅读教学的几点思考

李　娅

一、农村初中英语阅读教学面临的问题

纵观历年的中考题型，阅读理解占至关重要的比值，在日常英语教学中，提高学生的阅读能力占有相当大的地位，教师不能忽视农村初中英语阅读教学的诸多问题。

第一，农村小学英语没有得到充分重视，学生听、说、读、写译的基础薄弱，导致进入初中阶段，学生无法看懂书本上的阅读文章，在课堂，教师花费大量时间对阅读文章进行翻译，长此以往，对这种逐字逐句的翻译、填鸭式教学，学生将会逐渐适应。之后，学生的主要注意力放在单词释义上，对文章的整体性了解甚微。教师无法展开深层次阅读扩展，如何高效地利用时间在农村初中进行阅读教学，面临重重挑战。

第二，农村现代化教学手段匮乏，多媒体设备落后。随着信息技术与学科的融合，农村学校需要不断更新教学设备，在英语阅读教学过程中，教师利用多媒体辅助教学，直接在课堂上展示图片、音频和视频，将课堂游戏与课堂教学融合，使整个教学过程图文并茂、视听结合，为学生创设良好的情境，极大提高了他们学习英语的热情。对比之下，农村设备落后，教师更多采用传统的填鸭式灌输法，阅读教学只要学生记住教师所教授的知识即可，一堂阅读课，更像是翻译课；教师大量的时间花费在词汇学习和语法讲解上，45分钟的课堂时间有限，无暇对文化背景知识进行拓展；学生的学习缺乏情境，长时间僵硬化式学习知识；填鸭式阅读教学模式，课堂充斥着枯燥感，让学生失去阅读兴趣，课堂效率低，阅读教学越发艰难。

第三，生生之间合作学习欠缺。一方面，初中生的英语阅读能力培养至关重要，在进行阅读教学的时候，个人的理解与思考通常无法全面，生生合作是十分必要。另一方面，师生合作在初中英语阅读教学中也是至关重要的。但是在很多农村初中英语阅读教学的课堂上，往往是教师一个人主宰整个课堂，学生发言机会少，主要是不会表达、不敢表达，迫于中考的压力，教师为了提前完成教学目标，要留更多的时间给学生备考复习，一节课教师留给自己和学生、学生和学生的之间交流时间是很有限的，这都不利于提高初中生的英语阅读能力。

二、如何创建英语阅读高效课堂

第一，为了创建高效课堂，激发学生的阅读兴趣，营造和谐的课堂氛围是关键，对于英语阅读教学来说，学习兴趣非常重要。在阅读教学中，教师只有激发学生的阅读兴趣，学生才会有阅读的欲望，他们才会积极主动地进行阅读活动。教师作为课堂教学的主导者，应给学生创设阅读氛围，进一步激发学生的阅读兴趣，让他们积极主动地阅读、快乐地阅读。

第二，合作学习和课堂提问是创建阅读高效课堂的手段。课堂提问是阅读教学中最常用到的师生双边活动，它对于阅读任务的完成有重要作用。有效性影响着课堂教学高效益，是关键因素之一。因此，教师的课堂提问应能设疑启智，让学生进行小组讨论、争论、辩论，在促进学生完成阅读任务的同时，也调动了学生的积极性，大大提高了课堂效率。

第三，通过精心设置阅读任务，培养学生的综合语言运用能力。这是阅读课高效课堂的终极目标，阅读的过程是语言输入与输出的过程，也是一种交际过程。阅读教学的终极目标就是培养学生的综合语言运用能力。教师在教学中应根据不同的语篇材料，设计适量的灵活性较大的阅读任务，力求对学生的听、说、读、写、译等方面的技能进行训练；也让学生从同一种材料或信息中探求不同的答案，挑战学生的思维极限，培养学生语言综合运用能力。教师在充分理解教学有效性的过程中，优化课堂教学，创建和谐愉悦的课堂氛围，任务设置从提升学生的听、说、读、写能力和培养学生学习兴趣等方面入手。

第四，教授学生阅读的方法和技巧。跳读是指快速阅读。这种阅读方法是为获得特定的信息而进行的有选择性地阅读，寻找关键词。用这种阅读方法对于回答 wh-型的问题、对于寻找中心句最为有效。扫读：这种阅读方法是通过泛泛、粗略的阅读，对文章的内容结构有一个整体印象，了解大意，对文章有个整体概念。此种阅读方法能回答why，how之类的问题。细读：最细致、最慢的深层阅读方法。这种阅读方法是建立在学生对全文整体感知的基础上，对所读文章细节内容的理解与掌握。在阅读训练过程中，我们要注意运用不同的阅读方法对于时间和阅读速度的要求会有所差异。

阅读能力是一个英语语言学习者的综合能力的体现。在阅读教学过程中，教师要积极思考，发现问题，解决问题，帮助学生养成良好的阅读习惯，为他们今后的英语学习奠定坚实的基础。

参考文献：

［1］张彩虹.锡盟白旗二中初中英语教师在阅读教学中存在的问题及对策［D］.呼和浩特：内蒙古师范大学，2013.

［2］刘文忠.农村初中英语阅读教学策略研究［J］.新课程（教研版），2013（9）：84-85.

初中英语"阅读圈"模式下教师
角色的探析与思考

银 洁

一、英语课外阅读的作用与现状

《义务教育英语课程标准2022年版》（以下简称《新课标》）强调：教师要指导学生自主建构和内化新知，发展独立思考和合作解决问题的能力。教师要在教学中放手，从关注自身教学行为转到关注学生学习的过程和效果。注意避免将教师对主题意义的理解强加给学生，以及用教师的逻辑限制学生的思考。充分利用课堂的交互性和社会性特点，为学生创造合作学习的机会。然而，传统英语阅读教学以教师为主导、注重传授知识和技能、教学碎片化、评价片面化、忽略学生高阶思维培养等弊病，已无法满足新时代英语阅读教学的要求。近年来，"阅读圈"从国外引入，为英语阅读教学带来一股新力量。它以语篇为载体，通过角色分工合作、自主阅读探究、阅读讨论与分享等环节，综合运用多种学习策略，发展学生自主、合作和探究的学习能力，是提高学生阅读素养的一条的有效途径。同时，在"阅读圈"教学活动中，教师的角色也区别于传统课堂中教师的角色，本文将从课前自主阅读、课中分享阅读、课后反思阅读三个环节来谈教师角色的设置与转变。

二、"阅读圈"教学模式介绍

"阅读圈"是以学生为主导、以小组为单位进行阅读分享和讨论的活动

（Shelton-Strong）。多数情况下，阅读的内容是文学作品或故事题材的作品，因此，"阅读圈"有时也被称作"文学圈"。具体而言，它是在教师的指导和帮助下，组内成员在完成各自角色任务的前提下，就所读的同一文本，通过共同挖掘、探讨、赏析、评价与拓展文本内容而进行的积极的、互动的合作学习行为。"阅读圈"的目标是要求学生阅读—思考—联系自身—提问—分享。一般"阅读圈"活动有六个常用的角色（Furr），即讨论组长（discussion leader），主要负责整个讨论的组织；总结概括者（summariser），主要负责对所读内容进行总结并与组员分享；实际生活联系者（connector），主要负责思考所读内容与现实生活有着怎样的联系；词汇大师（word master），主要负责挑出文本中全新的、理解有难度的或关键的单词及短语供组员学习；篇章解读者（passage person），主要负责带领组员欣赏文本的文笔，感受文字的力量；文化连接者（culture collector），主要负责从文本中找到与中国文化相似或不同的内容。此外，还可以根据文本和教学的需要设置一些新角色。"阅读圈"真正做到了教学以学生为中心，更有利于学生将语言的输入（听、读）与输出（说、写）相结合，能够全方位促进学生语言能力的发展。

三、"阅读圈"教学模式下的教师角色

（一）课前自主阅读环节

1. 共读者

《新课标》指出，教师要注意选择并补充能够满足初中阶段学生认知发展需求和语言发展水平，题材丰富，体裁多样，国内正式出版的英语（分级）读物，或指导学生选择适合自身语言水平和兴趣爱好的阅读材料，指定课外读书计划或阅读任务清单。初中生的认知水平有限，许多学生难以做出全面、客观的自我认识和评价，因此在选择阅读材料时，需要教师的指导和帮助。在正式开始实施"阅读圈"之前，教师指导学生选定阅读读物，并带领学生一起阅读。结合学生的语言能力和学习兴趣，我们选择的是黑布林系列英语分级读物 *Holly's New Friend.*

在阅读中，教师应该对学生的阅读进行相应的技巧和策略指导。以下是几种常见的方式：第一种方式是教师教给学生在阅读过程中随时将自己想到的、感悟到的或有疑问的内容写在便利贴上，贴在书中相应的地方，这种方式方便快捷，能让学生快速找到想分享的内容；第二种方式是学生采用写阅读笔记的方式来记录自己的想法，教师根据不同的角色规定简单的、结构化的阅读笔记，来帮助学生熟悉"阅读圈"中各个角色的功能和作用。笔者采取的是第二种方式，在阅读时，学生记录的读书笔记主要包括以下几个部分：Words I like，Passage I like，Plot summary，My thoughts，My questions，Connection to life or culture。学生们在阅读过程中，在读书笔记本上记录以上内容，分别对应"阅读圈"的主要角色Word master，Passage person，Summariser，Connector，Culture collector，Critical thinker。此外，笔者还鼓励学生在阅读过程中运用思维导图或插画来记录总结、感想或疑问，以培养学生的思维能力。学生的自主阅读过程、记录读书笔记的过程，为"阅读圈"活动的开展奠定了重要的基础。

2. 培训者

与此同时，在正式开始实施"阅读圈"之前，教师需要对学生进行必要的培训，让学生充分了解什么是"阅读圈"、怎样操作最有效。教师的培训主要包括以下三个方面：

一是解释。教师要说明"阅读圈"的重要性，并向学生详细阐明它的操作方式。

二是示范。教师可以通过播放相关视频或录像、邀请之前参加过"阅读圈"活动的学生来分享经验等方式进行解释和示范。

三是实践。笔者采取的是每次活动集中培训一个角色。比如，在介绍passage person这个角色时，教师让学生再次阅读本章节文本，并从中找出感兴趣的一至两个段落，写下原因。随即，教师介绍自己喜欢的段落，大声朗读，并阐释选择的原因。然后，教师邀请学生也分享自己选择的段落并解释原因。在实际操作中，学生能够亲身体验、感知各个角色所承担的职责。同时，在培训过程中，教师要鼓励学生逐步形成小组意识，积极参与到小组的讨论中，为

"阅读圈"的顺利开展做好充分的准备。

（二）课中分享环节

1. 观察者

完成课前自主阅读环节后，教师可以带领学生进入课中分享阅读环节，正式开始"阅读圈"活动。在这个环节，教师要注意自己的角色，不要急于干预学生，首先要做一位细心的观察者。观察的目的是发现学生分享过程中的问题，同时是为了课后对学生进行更加客观、全面的评价。

在本节课中，教师先带领学生明确了本节课的任务，即为学校读书节活动设计一张好书推荐卡，推荐*Holly's New Friend*这本书。接着让学生对本书的故事情节做简单的梳理，对"阅读圈"的角色分工和任务设置进行简单的介绍。之后便是"阅读圈"活动，在学生们的准备环节，教师在教室里穿梭，观察每位学生的表现，提醒参与度不高的学生积极参与；当学生提出问题时，及时解答学生的疑惑。在此环节中，教师可以准备一个简单的记录表或记录本，对不同角色的学生们出现的问题或表现进行简单记录。准备环节结束后，学生开始展示环节，由不同角色的学生上台分享该组的好书推荐卡。在此环节中，教师不应随意打断学生的发言，应当认真聆听学生的分享与发言，在其发言结束后，可以做适当客观的评价，如给予相应的鼓励与肯定，或是指出其发言过程中的一些问题，抑或是对其发言内容提出一点小建议。

总之，作为一名观察者，教师可以将课堂的主导地位交给学生，在观察的过程中，教师能够及时发现学生的困难，并给予其相应的帮助，也能够更便利地记录下学生的问题或表现，以便对学生的表现给出更为客观全面的评价。做好这个角色，是非常有利于"阅读圈"课中分享环节成功、高效开展与实施。

2. 辅助者

在传统阅读教学课堂里，教师侧重语言或知识的讲解，主导着课堂，学生以倾听为主。而在"阅读圈"课堂中，教师既不是讲解员，也不是小组成员，不应该干预学生的阅读，而是要做好辅助者的角色，在学生们需要帮助的时候，适当地给予帮助。

在学生"阅读圈"活动准备环节，教师穿梭于课堂中，在观察学生的同时，发现学生的困难和需求，并给予适当的帮助与支持。在本课课例中，由于部分学生还不太清楚"阅读圈"的角色任务的具体要求，教师可单独对其进行指导与帮助。此外，教师还可以指导学生更精准地书写或表达相关角色任务。在学生上台展示时，部分学生或许会由于紧张，影响到表达，此时教师便可发挥辅助者的作用，不仅为学生提供相关的词汇或句型，还可对学生进行适当的鼓励。

（三）课后反思环节

1. 评价者

在以前的教学中，评价者往往是教师，而"阅读圈"模式中评价包括三部分：学生自评、学生互评和教师评价。"阅读圈"中的每个学生和教师在小组交流探讨后都会填写一份自评表和互评表，内容涉及是否充分参与、参与的态度是否积极、发言时间长短等。教师的肯定是鼓舞学生高效学习的有效手段之一。因此，教师评价时要对学生的意见给予肯定，即便学生的观点不全面，甚至个别观点不正确，也要肯定他，并以此为基础，引导其自我反省，从而达到互相学习、共同进步的目的。"阅读圈"模式的评价环节是必不可少的一个重要环节。在评价过程中，教师要仔细观看，认真观察，挖掘每个学生的能力和潜力，并认真记录他们的行为。教师还要及时引导学生发现问题、解决问题，并根据学生的情况，调换"阅读圈"活动的角色分配，尽量使每个学生都能各尽其才。课后，笔者还做了一个电子调查问卷，调查的内容为学生对本次"阅读圈"活动各个环节的认识、看法及建议。此举有利于教师对学生的活动进行更加客观、全面的评价。

2. 反思者

除了做出相关的评价，学生与教师在课后需要对"阅读圈"教学活动进行反思，尤其是教师。反思是在前面五个角色的基础上进行的，在共读、培训、观察、辅助、评价过程中，学生呈现出哪些具体的问题，或是有哪些课堂生成的新东西，抑或是教师在教学活动中的心得或感悟。从而在以后的"阅读圈"教学活动中，可以扬长避短，更加高效。

本次"阅读圈"教学活动结束后，针对各个环节的记录和评价量表及调查问卷，笔者对"阅读圈"教学活动进行了反思。在此次活动的课前准备环节中，教师组织比较得当，与学生进行了共读，帮助学生扫除了大量的阅读障碍；同时，对不同角色具体任务的培训和指导，帮助学生明确了每个角色的具体任务，为高效课堂打下了坚实的基础；在课堂中，学生只局限于在原生组中进行讨论，还不太熟悉专家组的操作，讨论时间不够长，导致学生对部分角色的思考还不够深入；等等。

四、结语

总而言之，在"阅读圈"这个新型阅读教学模式下，教师应加强角色转变意识，从之前的单一角色转换到多角色，并将课堂的主体交给学生。只有这样，"阅读圈"教学模式才能发挥其应有的优势与作用。同时，教师角色的丰富与转变，更有利于学生英语学科核心素养的培养，从而促进学生阅读素养的全面提升。

参考文献：

［1］Furr, M. Stories for Reading Circles［M］. Hongkong：Oxford University Press, 2007.

［2］Shelton-Strong, Scott. J. Literature circles in ELT［J］. ELT Journal, 2012（2）：214-223.

［3］陈则航，李翠."阅读圈"在英语阅读教学中的应用［M］.北京：外语教学与研究出版社，2021.

［4］教育部.义务教育英语课程标准（2022年版）［M］.北京：北京师范大学出版社，2022.

［5］罗少茜，李红梅.阅读的力量和热情——通过"阅读圈"燃起学生对英语阅读的热爱［J］.中小学课堂教学研究，2016（0Z1）：12-16.

智慧教育背景下信息技术与初中英语阅读教学融合探究

李 娟

智慧教育即教育信息化，是指在教育领域（教育管理、教育教学和教育科研）全面深入地运用现代信息技术来促进教育改革与发展的过程。智慧课堂、智慧教学平台、智慧校园等的出现，为英语阅读教学与课堂实施带来了变革的契机，使教学形式变得丰富多样，可以满足课前、课中、课后全过程的教学需求，可以满足课堂教学教师与学生的双向互动。作为一线教师，更新教育教学观念，在智慧教育背景下创新英语阅读教学方式、丰富英语阅读教学内容，不仅有助于提升学生的英语阅读理解水平与能力、提高学生对英语阅读的兴趣，同时能促进学生英语核心素养的快速发展。

一、智慧教育背景下信息技术与初中英语阅读教学融合的重要意义

在教育部《关于实施全国中小学教师信息技术应用能力提升工程2.0的意见》（以下简称提升工程2.0）中，突出强调培养教师将技术深度融入教学全过程，推动教育改革发展的融合能力。《义务教育英语新课程标准（2022年版）》（以下简称新课标）在"课程实施"部分明确指出，"要将'互联网+'融入教学理念、教学方法、教学模式中，深化信息技术与英语课程的融合，推动线上线下学习相结合，提高英语学习效率。"信息技术与初中英语阅读教

学深度融合是转变教学方式、实现教育信息化的重要手段，具有非常重大的意义。

一是激发学生的学。在一堂阅读课上，学生的阅读兴趣和课堂参与度直接影响着本节课的学习效果。在这个信息爆炸的时代，初中生对于电子计算机和现代通信也有着极大的好奇心。因此，教师通过将信息技术融入初中英语阅读教学的各个环节中，可以将学生对信息技术的好奇心转嫁到英语阅读教学上，借此提高学生的课堂参与度，让学生对英语阅读理解积极地展开研究与学习，有助于培养学生的英语阅读技巧，提高学生的英语阅读水平，促进学生核心素养的快速发展。

二是促进教师的教。信息技术可以弥补传统英语阅读教学的缺陷，教师利用信息技术的资源与技术优势创设阅读情境，拉近学生与话题的距离，为学生营造新颖有趣的教学氛围；运用视听技术将抽象的概念转化为形象的展示，突破英语阅读教学的重难点。信息技术与初中英语阅读教学的深度融合有利于一线教师优化教学模式，合理改进英语教育教学模式，提升初中英语整体教学质量。此外，信息技术运用到英语阅读教学中，还可以为其他教育事业提供新思路和新想法，从而促进我国教育事业的创新发展。

二、初中英语阅读教学课堂现状分析

在我国，应试教育仍然长期占据着义务教育的舞台，我国教师长期受应试考试、学习成绩、教学任务的影响，教学理念落后于教育改革的发展步伐，这就导致英语课程过分注重词汇、语法等知识性内容；教师也常常采用直截了当的教学方式，让学生对单词、句型结构进行记忆和背诵，大大限制了学生的多元化发展。

在大部分初中英语阅读教学中，仍然存在着"以教师为主，以课本为中心"的传统教学模式，违背了新课标的要求，不利于学生英语核心素养的形成。同时，英语课程过分注重词汇、语法等知识性内容，阅读课堂过分注重阅读理解的结果性评价，忽视了英语语篇的育人价值。再者，在传统的英语阅读课堂中，呈现在学生面前的阅读材料只是平面抽象的文字，且部分话题远离学生生活。

三、智慧教育背景下信息技术与初中英语阅教学融合策略探究

（一）利用信息技术，激发学生的阅读兴趣，提高课堂参与度

导入是英语课堂中非常重要的一环，教师运用信息技术创新课堂导入形式，能够极大地调动学生对英语的阅读热情和阅读兴趣。英语教师可以通过图片、视频、音频等方式进行阅读导入，给学生视觉和听觉的刺激，从而使学生更好、更快地了解本堂课的阅读主题，激发学生的阅读兴趣，使学生很快地进入英语阅读状态。

以 Qomolangma 为例，我们在教授这篇文章的时候往往恰逢学校开运动会，因此我们利用剪辑软件将学生在运动会上的照片制作成一个视频在课前进行播放，一下子就吸引了学生的注意力。接着我们通过谈论学生校运会都有哪些项目以及大家参加了哪些项目，过渡到询问学生觉得世界上最危险的运动项目是什么，很自然地引入了今天的话题——攀登珠穆朗玛峰。校运会话题能引起学生的共鸣，并且与学生的生活息息相关。不同运动项目的图片并不是直接出现的，我们可以利用希沃白板蒙层功能和学生进行小互动，通过一步步呈现图片的一点点让学生猜测是什么运动？这样的教学设计不仅能激发学生兴趣，而且能增加他们的课堂参与度。

（二）善用信息技术，在阅读中培养学生的核心素养

在上阅读课时，教师应摒弃传统的教学模式，多采用信息化手段，高效快捷地实现教学目标，提高英语课堂教学的质量和效率，同时培养学生的英语核心素养。以 Qomolangma 为例，在寻找珠穆朗玛峰的位置时，我们引入3D的虚拟地球仪，可以直观地让学生找到喜马拉雅的位置，巧妙地实现了英语学科和地理学科的融合，有利于学生英语核心素养的发展。

此外，阅读文章的第二段主要描述了三个不同国家的人登上了珠穆朗玛峰，我们可以播放两段真实的纪录片，让学生近距离了解首次登顶的几个团

队。然后通过希沃白板展示出这些英雄的图片，激起学生对英雄的敬仰之情。并给学生播放中国登上队登上珠穆朗玛峰的记录视频，让学生感受登山艰辛的同时，也进一步加强学生的民族自豪感和自信心。

同时，在读后部分，我们设计了两个活动，先通过思考标题和播放钟南山在抗击新冠肺炎时的讲话，引导学生积极思考自己生活中的"珠穆朗玛峰"以及如何面对自己的"珠穆朗玛峰"。然后通过小组合作的方式让学生说一说他们心中的"珠穆朗玛峰"以及自己如何克服困难勇攀珠峰。

（三）巧用信息技术，合理掌握课堂的"度"

教师应该巧用信息技术，合理掌控英语阅读教学中运用信息技术的"度"，保证英语阅读教学能够有效展开。仍然以Qomolangma这篇文章为例，在阅读教学时，教师可以将这篇文章投放到多媒体上，对简单的单词和句子进行讲解，然后利用信息技术通过播放视频、展示图片及文字，让学生对重点和难点进行深层次理解，加深学生对英语文章的把握程度，提高学生的阅读理解能力。

总之，信息技术是激活初中英语阅读教学的有效手段，为初中英语教育的发展做出了很大的贡献。信息技术与初中英语阅读教学的深度融合，加强了英语阅读课堂中的交互性，在提升英语阅读课堂教学效果方面发挥了重要作用。一方面，在初中英语阅读教学中运用信息技术，不仅有利于激发学生学习英语的热情和兴趣，而且还有利于培养学生的英语阅读技巧，提高学生的英语阅读水平，促进学生核心素养的快速发展；另一方面，教师通过在初中英语阅读教学中运用信息技术，可以创新英语阅读课堂教学模式，丰富英语阅读课堂教学内容，提升初中英语阅读教学的质量和效果，促进英语教育事业的健康发展，同时也推动智慧教育的实践和落实。

参考文献：

教育部.义务教育英语新课程标准（2022年版）［S］.北京：北京师范大学出版社，2022.

新课标背景下初中英语阅读教学的有效性探究

李 媛

著名建构主义学家皮亚杰认为："儿童是在与周围环境相互作用的过程中，逐步建构起关于外部世界的知识，从而使自身认知结构得到发展。"教学是要求学生的学和教师的教相互作用的活动。学生参与课堂的程度直接决定了其在该堂课的学习效果。阅读理解能力的培养不是一朝一夕能完成的事，教师应该调整自身教学方法和策略，让学生在每节阅读课上都有话可"说"、有话想"说"、有话能"说"，让阅读课堂"活"起来，进而提升阅读教学的有效性。

一、教育即生活

著名教育家杜威说过，教育即生活，源于学生实际生活的教学资源最具有教学实践意义。九年级的阅读文章篇幅较大，生词很多，长难句复杂难懂，大多数学生会产生反感、排斥、畏难等情绪。教师应该在课外多花时间和精力备课，在课上耐心引导。很多学生日常生活中与其他同学的交流很频繁，但在课上与教师的交流却不多，不爱发言，不想发言。课本涉及的内容与他们的平常所闻、所感较远，让他们产生陌生感。教师可以多了解和关注学生的日常生活。教学资源的选择尽可能贴近学生的实际生活，缩小学生与课文之间的距离感。例如，人教版英语教材九年级全一册第五单元what are the shirts made of 中section A的3a部分*The Difficult Search for American Products in the US*。美国离学生很远，他们只知道美国科学技术发达，但一说到American flags are made in China!很多学生立马惊呼，他们似信似疑，迫不及待想从文中获取答案。

笔者在课前一天布置了家庭作业：

In American，what products are made in China? You can use the Internet or books。

果然，学生收集了丰富的资料，准备得很充分。他们通过查阅资料发现美国市场上，小到牙签，电器家具，大部分商品都是中国生产的，甚至美国的星条旗都产自中国。这节课学生参与度达到94%以上，这一活动设计让学生接触了大量有意义的、有趣的或是相关的语言输入材料，这是第二语言能力发展的关键。

再如，人教版英语教材九年级全一册第七单元Teenagers should be allowed to choose their own clothes中section B 的2b部分*Should I be allowed to make my own decisions?*

目前的学生，选择哪所高中是他们面临的第一个人生重大选择。但是他们往往没有自己的选择权，决定权几乎全部交给了父母。并且，加上来自中考的压力，家长要求他们一切以学习为主，周末时间被剥夺，而被各种补习班、资料书、试卷和习题所占据。作为青少年的他们，面临选择的时候是该听父母的安排，还是由自己做决定？每个学生都即将或者已经遇到此问题，对于这个话题，每个学生都有说不完的"苦楚"。

笔者在after reading环节设置了一个小组任务：

Students work in pairs，discuss with your partner about which decisions you should be allowed to make.

这节课很多学生分享了自己内心的想法。其中一个不爱发言的学生都举手了。"I think I am supposed to make decisions for myself，I know how important the schoolwork is，but I am serious about dancing. I may not be a famous dancer，but dancing can make me happy and relaxed.I go to dance not because I want to escape from schoolwork，instead，I can work harder after dancing，but my parents do not believe me."

这段发言，笔者发现该学生运用了很多本单元的重点短语，并且表达了自己内心最真实的想法，相信这节阅读课她一定收获良多。

二、好之者不如乐之者

兴趣是最好的老师，兴趣是路灯，引导人们走向远方；兴趣是船桨，帮助人们驶向成功；兴趣是一双羽翼，带领人们遨游天空。在所有的教学素材中，除了直观的音频和视频外，故事也能很好地引起学生的兴趣，增加学生参与课堂的积极性。

例如，人教版英语教材九年级全一册第二单元I think that mooncakes are delicious中section A的3a部分，题目为*Fool Moon*，*Full Feelings*。

笔者在before reading部分设置问题：

Do you know the traditional folk story of Change?

先随机让几个学生讲述他们所知道的嫦娥奔月故事，教师再用简单易懂的句子进行补充。学生们对古代神话类故事都很感兴趣，而且其中一些，如嫦娥奔月是家喻户晓的民间传说，大家都很熟悉。一提到嫦娥奔月，全班的注意力就都集中起来了，每个人你一句我一句，个个都举手想发言，课堂一下子活跃起来了。这既能引起学生阅读文章的兴趣，又减轻了学生阅读的难度，学生也能更容易，更快速理解文章内容。除此之外，在after reading中学生的retell也做得更好了。

再如，人教版英语教材九年级全一册第七单元Teenagers should be allowed to choose 中their own clothes section B的3a部分的阅读文章*Mom Knows Best*。这是一篇诗歌题材的阅读素材，讲述了作者从呱呱坠地妈妈对作者无微不至的关怀到青少年阶段的叛逆再到长大成人理解妈妈、感恩妈妈。关于妈妈，相信每个学生都有很多话想说。在before reading部分，学生可以自由分享与妈妈之间发生的事情，抑或是高兴愉快的事情，抑或是表达委屈埋怨的情感。

三、学而不思则罔

学而不思则罔。没有思考的学习是迷茫的，没有思考的阅读是充满疑惑的，走马观花式的阅读，囫囵吞枣，是无效的。教师应该引导学生学会边阅读边思考，仔细阅读，反复品读，探究文章的深意，但是通过近几年的教学经验，笔者发现勤动脑筋思考的学生越来越少了，英语阅读理解需要学生专注思考，才能学得轻松，真正学好。那么教师首先自己要做到精读和深读，才能慢慢带着学生层层推进。近几年中考阅读理解题出得也越来越灵活，旨在考查学生思考的深度以及对文章理解的层次，对学生阅读思维品质要求越来越高。这就要求广大教师在阅读课上注重对学生阅读思维的培养，而不是仅仅停留在看懂文章。

有效的阅读课要教会学生静下心来，跳出浅读圈，思考文章结构，结合上下文理解文章，把握文章的整体脉络和结构以及细节，向深读圈发展。例如，九年级全一册第五单元where are the shirts made of中Section B的2b部分的阅读文章*Beauty in common things*。文章介绍了三种中国传统手工艺品：孔明灯、剪纸和瓷工艺。教师引导学生找出这三件中国传统工艺品所需要的原材料，包括竹子、纸、黏土等，经过总结很容易发现，人民利用智慧和精湛的技术把简单朴实的材料制造成极具美感的物品。

笔者在after reading部分设置一个开放性问题，继续激发学生做进一步思考：

Besides love, beauty, and family, what do traditional Chinese art forms try to show? Do you have any other answers?

大家不由自主地展开讨论，给出了很多精彩的答案：faith, friendship, wish, wisdom, 实属出乎意料。

在英语阅读课堂上，教师要多设置质疑情境，激发学生发现问题，思考问题，提高学生的思维参与度，帮助他们形成并发展有效的阅读策略。

四、学以致用

有效的阅读还在于学生阅读之后，能够将阅读成果合理地进行迁移。笔者在教学中发现，学生到了九年级，临近中考，面对家长、教师以及自身的压力，其学习自主性稍有加强，但是英语阅读理解能力的提升并不是通过一天两天就能有突飞猛进效果的，有些学生甚至利用阅读课的时间来背单词或者"刷题"，其实这是一种"捡了芝麻，丢了西瓜"舍本逐末的做法。九年级很多单元的阅读话题与中考作文紧密相连以及为写作提供了丰富的素材，教师可以用其稍做修改，作为作文模板，让学生仿写。甚至有些文章直接可以拿来就用，学生很喜欢类似最直接最具有功利性的资源。对于此类阅读课，学生的积极性高涨。例如，九年级第一单元*How can we become good learners* 中section B的2b部分的阅读文章How Can You Become a Successful Learner。原文分三个段落进行阐述作者如何由厌恶英语到很享受学习英语的经历。

第一段先介绍English class like a bad dream，第二段讲述了I felt in love with this exciting and funny movie，第三段表达了Now I really enjoy my English class。

在一次月考中出现了类似题材的作文，很多学生模仿其情感变化的三段式写法。第一段介绍以前厌恶或害怕某事或某物（如不喜欢和别人交流等）及具体表现，第二段阐述某件事的经历让自己改变了想法（如某天跟小伙伴玩得很开心，比自己独自待家好玩、有趣），第三段用来表达对该事或该物的喜爱（现在喜欢交朋友）。学生自然而然就重视起英语阅读课，在以后的考试中，也更愿意动手写作文。

五、结语

"教学有法，教无定法，贵在得法"。九年级英语阅读的教法没有固定的模式，但传统的阅读课堂略呆板、压抑，甚至直接变成一节翻译课，教师花大量时间备了课，学生真正内化的部分却少之甚少。教学资源的选择、教学活动的设计、教学策略的实施以及教学目标的设定都是一门艺术，让学生在阅读课堂上动起来，让英语课堂"活"起来，上好一节扎实又有效的英语阅读课堂，带领学生勤思考，多操练，养成爱阅读的习惯，突破阅读这个瓶颈，笔者将不断进行探索。

参考文献：

［1］Stephen D. Krashen. Principles and Practice in Second Language Acquisition［M］. Oxford：Pergamon Press，1982.

［2］罗忠民，何高大. 外语新课程教学论［M］. 南京：南京大学出版社，2011.

［3］段晓霞. 浅谈建构主义教学思想对英语教学的启示［J］. 内江科技，2011（2）：197.

［4］席玉虎. 当代英语教学实用模式与技巧［M］. 北京：清华大学出版社，2002：269.

［5］赵鹤龄. 教育学：问题与实践的新视角［M］. 哈尔滨：黑龙江教育出版社，2006.

基于英语阅读教学，培养学生的文化意识

刘璐璐

在英语教学和学习中，阅读一直占据着相当重要的地位。阅读不仅能帮助学生获取信息，能促进其听、说、写等其他语言能力积极地发展；最重要的是，在新课改前提下，英语阅读能够让学生接触和了解外国优秀文化，同时加深他们对中华优秀传统文化的认识与热爱，接受来自全人类先进文化的熏陶，培养国际意识。

所以，在上完九年级全一册第六单元的阅读课后，笔者从以下几个层面结合新课改对学生文化意识的培养要求来阐述笔者本人对这堂课的几点反思和思考。

一、语篇、学情和教学目标

（一）从对语篇的初步分析到对语篇的深度挖掘

初案语篇分析：本课的标题为*An Accidental Invention*，介绍了茶的发明、

《茶经》以及茶的传播。

终案语篇分析："茶"是这篇文章的主题。文章以 "Make Tea" 的视频作为开场，引出主题"茶"。并设置大情境"茶博会"，需要挑选"茶文化推广大使"作为小组评比加分机制。按照茶的历史，关于茶的书籍以及茶的传播为线索，从三个层面介绍了茶。拓展部分以奶茶"茶颜悦色"为例，留下问题供学生思考，我们应该怎么对待我们的传统文化。

（二）从对学情的一知半解到对学情的深入了解

初案学情分析：九年级的学生具备一定的文化常识，对中国文化有一定的兴趣，但对茶文化了解不多。

终案学情分析：学生已学完5个单元的目标句型，已经具备了相关的词汇和语言运用基础，能较流畅的表达被动语态这一语法结构。另外，课文拓展部分的主题"茶颜悦色"是学生们感兴趣的话题，但茶的发明、《茶经》以及茶文化的传播等相关知识对于00后的学生来说理解会有困难。

（三）从对目标泛泛而谈到对目标的精准分层

（1）学生能获取、归纳，并复述茶的发明、茶经相关知识以及茶的传播；

（2）通过批判性阅读，分析我们应该如何对待传统文化；

（3）培养跨文化交际意识，尝试使用文本信息向外国人介绍本课所学的茶文化相关内容，并补充更多内容。

（四）反思

笔者认为，提高备课的质量首先应该准确理解、解读语篇；其次要考虑学情，了解学生的已知和未知，对于本课拥有的文化知识储备以及哪些文化知识是难点。有多少内容需要学生生活的经验与其他学科的认知基础，学生对要学的内容是否感兴趣，哪些又是他们理解、接受、掌握的难点。而以此制定的教学目标既是课堂教学的出发点，也是课堂教学的归属点。

二、教学设计

（一）教学设计从隔靴搔痒式文化解读到深层文化探究

茶的历史、发明，与之相关的书籍内容以及茶传播路线都有文化背景知识的渗透，也是本课的教学重难点。首先，在第一自然段，学完神农发明茶的过程后，需要对学生进行一个情感教育，即"学习神农的创新，敢于尝试新鲜事物的精神"。但在第一次试教时，学生很难体会，很多学生对于神农的评价就是"幸运"。因此，笔者补充了"神农尝百草的故事"。于是，学生从这个故事中得出了神农有很多值得学习的品质，如勇敢、创新、无私、善良以及敢于尝试新鲜事物。其次，关于《茶经》中描述"哪些地方产最好的茶叶，要使用什么样的水来泡茶"这一文化知识。书中没有详细提到，学生不具备相关文化知识。之前的设计中，只是简单让学生找出第二自然段中，书中描述了什么，讨论了什么。但我在第一次磨课过程中发现，即使找出了这些信息点，学生依旧非常迷惑，对于第二自然段背后的文化知识不是很了解。因此，笔者再次回到语篇，在图书馆查阅了《茶经》这本书，用书中原话"淮南以光州上，义阳郡……"以及"山水上，江水中，井水下"给学生补充了更多文化知识，并解释了光州就是如今的信阳，所以如今信阳毛尖是特别有名的。结合语文科目，以简短的文言文来呈现，更加让学生理解了《茶经》这本专著的伟大之处。再次，是"茶文化传播路线"，句子较长，较难，本身语言点就很难理解，还涉及了"茶叶贸易"。因此，为了帮助学生更直观理解其传播路线，笔者运用了地图，结合地理的学科知识，让其传播路线更为直观。最后，书中最后一句提到"中国人最懂茶文化的精髓"，但是原因是什么呢？第一次试教时，有学生提出来了，因此笔者又补充了与茶文化相关的更多信息，如"茶道，茶艺，茶禅"。这些文化背景知识的补充，并不是生搬硬套，或者简单叠加，都是为了攻破教学上的文化难点，是让教学目标达成的一个重要手段。

（二）教学设计从孤立式到整合式

之前我对语篇的处理为孤立的几大块：茶的发明、《茶经》、茶的传播，段落与段落之间没有很好的衔接，比较凌乱，每一个任务都是孤立的。而后来，在每一段落之间，我设计了自然的过渡语言，在大情境"茶文化推广大使"设置下，学生们了解了茶的历史以及茶文化的传播，一层一层，他们的文化知识也在不断积累。

（三）教学设计从课内文化背景分析到课外文化拓展

解读语篇之前，笔者对于该文章文化背景的解读是这样的，仅仅介绍课内的茶叶发明、《茶经》以及茶文化的传播就够了，而解读语篇之后，首先，在学生展示环节，笔者提前让学生在网上查阅了资料，了解了更多关于茶的文化，如茶的种类、产地、功效、泡茶过程以及茶的发展等。学生以海报、小剧场等形式呈现了本课学到的知识，并补充了更多关于茶的文化。其次，在最后环节抛给了学生问题：我们周围有各种各样的奶茶，为什么"茶颜悦色"是最受欢迎的？从"茶颜悦色"杯子以及它的周边设计上就可以找出原因，以及对待传统文化，我们应该怎么做？

当然本堂课也有需要改进的地方：

（1）在阅读中，新单词的教授除了带读还可适当操练；

（2）在对学生汇报的环节中，还可以更多地让学生来评价，让学生成为课堂的主体，如学生可以评价：喜欢还是不喜欢？理由是什么？等等。

总之，在阅读教学过程中，文化意识的培养是我们作为语言类教师应当一直关注的问题。如何更好地了解外国优秀文化，同时，如何更好地对待、发扬本民族优秀文化，是我们需要孜孜不倦、一直追求的重点。如何更好地在课堂中，以学生为主体，以教师为主导，如何打造更高效有趣的课堂，是我们今后的奋斗目标！我将不断超越自我，与时俱进，修炼自身基本功，提升多媒体技术，在教学的路上，一直攀登下去！

附教案：

教材解读

1. 本文是人教英语教材九年级全一册第六单元Section A部分的阅读文章，

第六单元的文章设计主要是解决一般过去时的被动语态。

2. 基于上一个单元学生已经学习了一般现在时的被动语态，所以对大部分学生来说，接受一般过去时的被动语态能容易一些。

3. 本单元的话题是过去一些发明的历史，而本篇阅读是茶的发明历史，在阅读教学的过程中，感受茶文化、渗透情感教育也是本节阅读课的目标之一。

学情分析

学生已完成第五单元的学习，已经具备了被动语态的相关语言知识，加上第六单元目标句型的学习，学生已经具备了相关的词汇和语言基础，能较流畅的介绍一些发明的基本信息。但是，课文有关中国茶文化，00后的学生对茶的相关知识相对生疏，需要教师引导其深入阅读并理解内涵，感受茶之美、茶文化之美。

教学目标

1. 通过略读找文章中心句，能够理解文章大意。

2. 通过仔细阅读，学生能获取、归纳茶的发明历史，茶经的基本内容以及茶文化的传播途径和意义。

3. 学生能用被动语态来表达茶的发明和创造。

4. 学生通过对茶文化的了解与学习，从而产生文化自豪感，并能自觉弘扬传统文化。

教学重难点

1. 能够读懂介绍介绍茶文化的科普性文章，了解说明文的语篇特点，能关注并体会一般过去式被动语态的结构及基本用法。

2. 通过阅读，完成教师布置的相关任务，不断运用相关的阅读技巧，从而逐步提高阅读能力。

教学过程

Step 1: Lead-in

1. 播放电视剧《鹤唳华亭》里面的一个关于宋朝"点茶"的小片段。让学生来猜测视频里的人物在做什么？由此引出本课的主题——茶。

T: Do you know what the man is doing?

Ss: Making tea.

2. 展示"茶博会"的活动图，创设情景：茶博会下周将在长沙举行，你想成为茶文化的发言人，将茶介绍给更多外国朋友吗？以此来开展今天的阅读活动。

The Tea Exposition will be held in Changsha next month, would you like to be the spokesman（发言人）to spread the tea culture to foreigners？

【设计意图】

1. 为了激发学生的兴趣，从视频开始，为引出本节课营造氛围，拉近师生间的距离，激发学生的求知欲，导入本课主题。

2. 创设情景，在真实的情境中完成阅读任务。

Step 2: Predict

教师引导学生看标题和图片，让学生猜文章所讲的意外发明是什么。

T: According to the picture and title, can you guess what is the accidental invention?

Ss: Tea.

Step 3: Fast reading

1. 阅读前，教师给出提示，题干中的关键词invention, book, spread 标红，并引导学生在文中找出关键信息。

2. 请学生在希沃白板上匹配正确答案，并核对答案。

Para 1: the invention of tea.

Para 2: a book of tea.

Para 3: the spread of tea.

Step 4: Careful reading

（一）阅读第一段，完成以下三个任务

1. 完成"茶"的思维导图，教师通过以下几个问题带领学生仔细阅读第一自然段。回答问题时，教师引导学生用完整的句子回答。

Who was the first to discover tea as a drink?

When was tea first drunk?

Where was tea first invented?

How was tea invented, by accident or on purpose?

What's the process?

2. 根据茶的发明过程，将图片排序，并根据图片以及所给关键词复述茶的发明过程（注：在排序前，教师引导学生看图片的区别，并在此处学习新单词 boil/smell. ）

3. 讨论：If you were Shen Nong, what would you do? What do you think of Shen Nong?

（教师先以自身为例，"If I were Shen Nong, I would pour the water and boil again. "再邀请几个学生分享自己的想法。通过不同的做法，追问第二个问题：What do you think of Shen Nong? 并补充神农尝百草的故事，引导学生体会神农勇敢、无私敢于尝试新事物的精神。）

（二）阅读第二段，完成以下表格

T: How do we know Shen Nong invent the tea? and do you want to know more about tea? Here comes a book called Cha Jing.

完成表格之后，教师补充茶经里讨论的相关问题（最好的茶叶生产地和不同的水源）。

【设计意图】

1. 将第二段茶经分为作者和内容两个方面，内容又分为描述和讨论两个方面。让学生对茶经有大致的了解，空白的地方全部是本单元重点语言点被动语态的结构。在阅读任务的完成中进一步体会被动语态的用法。

2. 由于《茶经》里提到了最好的茶叶生产地和哪几种泡茶的水源，但是文章里并没有提到具体的生产地和水源，因此教师补充了相关知识，拓展学生的知识面。

（三）阅读第三段，完成以下任务

T: Only Chinese like drinking tea?

Ss: No.

T：When did the tea spread to other countries? Let's listen to the tape and match the time and places with correct positions.

1. 展示世界地图，教师提前截取第三段部分音频，让学生听传播路线，并将时间和地点匹配在地图相对应的位置。

2. 完成匹配任务之后，让学生看书核对答案，并根据地图和所给关键词复述传播路线。

3. 教师再次追问，怎么理解文章最后一句话："尽管现在很多人了解茶文化，但中国人毫无疑问最懂茶的精髓。"并在讨论之后补充相关的茶文化知识，如茶道、茶艺、品茶等。

Step 5: Post- reading

分组完成小组活动："Who is the best spokesman?"

6人一组，完成以下任务。（三选一）

Task1：介绍不同茶的种类、产地以及功效。

Task2：展示如何泡茶，并用英语说明泡茶的流程。

Task3：制作一份海报来展示茶的历史、传播和发展。

【设计意图】与开篇情景相呼应，用不同的方式展示或推广茶文化，不仅结合了课内文本知识，而且拓展了课外文化知识，也体现了多元智能理论。

Step 6: Homework

根据本课内容设计一张思维导图。

将中华优秀传统文化融入初中英语阅读教学的研究

彭　乐

一、问题解析

（一）教材方面存在的问题

建构主义学习理论认为，学习是在一定情境下，与他人进行协作、对话，最终实现意义建构的过程。教材是教师教和学生学的主要媒介，是教师进行课堂教学的重要依据，据了解目前很多小学使用的英语教材都是以西方文化为主的，特别是一些国际私立学校，使用的则是国外的原版教材，涉及中华优秀传统文化内容的很少，这就导致教师几乎没有这方面的内容可教，学生难以根据教材内容去学习中华优秀传统文化，无法达到意义建构。

初中英语教材内容应该具有多样性，即课文表现形式多样；可行性，即将更多自主权交还给学生；全面性，即内容编排应该涵盖课前、课中、课后 三个阶段。教材从这三方面出发，能够为小学生的英语学习创设情景条件，使他们进行有效学习。

（二）教师方面存在的问题

输入假说理论是克拉申的二语习得理论中的核心理论，它强调学习者只有通过接受足够的可理解的输入来提高自身语言能力，才能自然地获得语言能力。但由于许多英语教师对中华优秀传统文化的不了解，导致初中英语教师整体传统文化素养不高，很多知识无法在不充分准备的基础上进行课堂教学，大多数时候还是传授西方文化，这就严重阻碍了中华优秀传统文化的传播；同时，乡村初中英语教师学科素养培训机会少，教学方式更新不及时，教学活动设计缺乏创新，在日常教学中难以进行传统文化渗透。

（三）学生方面存在的问题

情景教学法是指通过营造一种良好的课堂语言学习氛围，帮助学生在课堂上有更多时间，去合理地运用、消化课堂所学的英语知识。但目前在初中英语阅读教学中忽视了学生的主体地位，英语测试主要还是以书本为主，题型大多数以听力、书写单词、句型、考察语法为主，至于对相关文化方面的测试几乎是缺失的，并且大部分家长和学校都是以学生的测试成绩来判定一个学生英语水平的高低，这样造成的结果就是绝大多数学生会唯分数论，把获取高分当作自己学习英语的目标，而忽视其他方面的发展。

二、原因探析

（一）教材传统文化内容稀少

建构主义认为认知是一种以主体已有的知识和经验为基础的主动构建的观点，教师是意义建构的帮助者，而教材是学生学习的重要载体，有什么教材内容，教师就教授什么知识，学生也就相应地学什么。但是，目前我国中小学所选用的英文教材多考虑英语教材的原本面貌，学习的内容都是英语国家的文化和生活常识，涉及中国文化内容及其英文表达的课文极少。既然我们的中小学生所学习的英语书上没有传统文化及其英文表达，那么不管是大学生还是中小学生，他们在进行跨文化交际时，用英语表达与中国文化相关的内容时难免会吃力。教育部提倡把中华优秀传统文化教育系统融入课程和教材体系，但是目前在我国的英语教材体系中，传统文化内容缺失，没有单独设置传统文化课程，缺乏有关爱国主义思想、和谐共享理念、伦理道德以及传统习俗等方面的英语课程和中西文化对比课程，学生了解和学习传统文化的渠道狭窄。

（二）教师队伍文化素养不高

克拉申的二语习得理论指出，儿童掌握一门语言的能力要优于成人，因为儿童在习得第二门语言时，母语习得还未完成，因此儿童在学习两种语言时，两种语言可以互补，儿童可以运用固有的语言习得机制来习得第二种语言，其二语习得更接近自然习得，其所受到的教师的影响最大。但在实际教学中，英语教师的传统文化教育责任是缺失的，不觉得自己在传统文化教育上也有责任，并且在英语教学中渗透优秀传统文化教育往往只是点到为止，教师没有深入拓展。在教学进度和考试成绩的压力下，一些初中英语教师将与考试无关的事情搁置一边，片面追求高分，只注重"功利化"的应试教育。教师是教学活动的设计者、组织者和管理者。教学活动需要精心设计、周密组织，才能实现教学活动的整体功能。我们从调查现状看，初中英语教师缺乏精心的设计、认真地备课、系统地组织，其传统文化素养更是不高。

（三）学生传统文化意识薄弱

情景教学理论认为个体语言的习得需要一定的环境，创设学生熟悉的环境在教学情景创设中具有十分重要的意义。但在当前初中英语教学中，优秀传统文化教育情景氛围存在着极大的不足，这就导致了在课堂中小学生接触中华优秀传统文化的机会较少。表现为传统文化课程的缺失与淡化，学生长期缺失传统文化知识的教育，也削弱了学生对传统文化载体的掌握。从访谈中得知，教师们普遍都存在一种现象，即教材里面有什么内容就教授什么内容，很少拓展教材以外的知识。课堂教学是中华优秀传统文化教育的主渠道，如果在课堂上教师都不能将中华优秀传统文化知识传递给学生，那课后学生将更难接触传统文化知识。

三、有效途径

（一）立足当地特色文化，创新创编校本教材

支架式教学，以建构主义学习理论和维果茨基最近发展区为理论基础，强调在教学过程中，教师组织活动，引导学生发挥主动性、积极性和首创精神，自主解决课堂教学问题。在支架式教学模式下二次开发英语教材，使教材的内容贴合学生的实际生活，使得教材的编排有利于教师开展课堂活动，使得学生

能够充分发挥自身的主体作用。

教材在很大程度上决定了教师怎么"教"，学生怎么"学"。但目前我国中小学所选用的英语教材学习的内容都是英语国家的文化和生活常识，涉及中国文化内容及其英文表达的课文极少，这阻碍了初中英语教师开展支架式教学。在英语阅读教学中实施传统文化教育，需要有与之相适应的教材，修订教材是中华优秀传统文化融入教材的有效途径。因此从教材的编写方面应该增加有关中华优秀传统文化在英语阅读教学中的分量，增加传统文化的内容及其英语表达。有研究者综合认为，中国文化内容的课文占整个教材课文内容的15%～20%比较适宜。在中初中英语教材中可适当配置一些故事，如浏阳地方特色汇编等；增加一些人物介绍，如毛泽东；听力材料、阅读材料等增加浏阳市非物质文化遗产，如客家文化、浏阳蒸菜文化等知识。

在创编的过程中，需要有翻译专家或者语言学者的参与，以保证教材的科学性；注重文化的全面性，综合中西方文化；从小学生的认知水平出发，内容不宜太难，同时要保证编写的教材适合小学生的语言表达水平。

（二）适当开展师生调研，及时了解师生互动反馈

课堂教学是一个交互过程。指出，课堂教学中的师生互动能够促进语言习得，及时开展师生调研，了解师生互动反馈能提高课堂教学的质量。

传统的教学受结构主义语言学等唯理主义派语言学的影响，教学模式存在单向思维的缺陷，表现在以教师为中心、以课本为中心，甚至存在教师"照本宣科，一压全场"的情况。教师与学生、学生与学生、学生与课本的互动是教学的形式，其实质都离不开教学内容，而内容大致来源于英语教材，教师可以对教材进行"添""删""改"，这都是教师创造性地使用教材的体现，摆脱了传统教学中的"本本主义"。

教材作为联系师生的媒介为师生而用，师生在使用教材的过程中会有对应章节主题的感受，或者是对图片的设计、问题内容以及数量等，所以师生作为教材的第一手使用者，其经验是非常宝贵的。教师在教学过程中可能会发现教材内容中传统文化信息渗透少，教师可以自主设计多样的教学活动去拓展传统文化融入初中英语阅读教学中；学生也可以在教师的引导下对教材内容编订提出自己的想法，如人物服装的设计、教材中单词对应图片的描绘等。这些都是师生真实的反应，同时师生在探讨中也可以融入自己喜欢的传统文化，这样既能拉近师生距离，也能让师生进一步走进教材。教师可以带领学生从生活经验出发，体验西方饮食文化或场景设置，感受西方的风俗习惯。在这种体验与互动中，师生能够更好地感受中西方文化差异。

四、结语

笔者对中华优秀传统文化融入初中英语阅读教学的相关研究进行梳理后，发现研究多集中传统文化融入初中英语阅读教学上，具体到湘少版英语教材的研究相对较少。故本研究以此为创新点，借助观察法、案例分析法对中华优秀传统文化融入初中英语阅读教学进行了研究。

笔者发现在初中英语阅读教学中渗透中华优秀传统文化存在教学方式单一、呆板，作业设计和考试很少涉及关于传统文化的考核等问题。随后，笔者针对问题从教材、教师、学生三个方面探析原因，并提出教材的编订应创新灵活，校本教材应体现乡土特色传统；教师应重视课堂传统文化闭环，涵养师生的传统文化情怀；学生应积极开展小组合作学习，增强主体意识和团队意识。最后，笔者归纳了中华优秀传统文化融入初中英语阅读教学的一些想法，以供一线教师教学参考。笔者经过回顾、反思发现研究存在一些不足，例如笔者研究只观察了实习学校的初中英语阅读教学情况，样本不够广泛和全面；笔者对传统文化教学设计教学环节还不够精练、准确；等等。这些不足笔者将会在后续的教学中不断修正完善，使中华优秀传统文化更好地融入初中英语教学实践中。

参考文献：

［1］邱贤芳.当前乡村英语教学发展的问题与对策研究——以中山市小榄

镇盛丰小学为个案［D］.武汉：华中师范大学，2012.

［2］中华人民共和国教育部.义务教育英语课程标准（2011年版）［M］.
北京：北京师范大学出版社，2012.

［3］杨小辉.中学英语阅读教学中中国传统文化的融入［J］.文教资料，
2018（31）：233-234.

［4］让·皮亚杰.教育科学与儿童心理学傅统先，［M］.傅统先，北京：
文化教育出版社，1981.

在英语阅读中对话，提升学生的英语核心素养

吴琪伟

一、引言

新的课程标准指出，英语学科核心素养主要包括语言能力、文化品格、思维品质和学习能力。该标准对中学英语教师提出了有关核心素养的育人目标。在英语教学中，学习语言、理解内容和培养核心素养相互交织、密不可分。在此过程中，大量的阅读必不可少。因此，要发挥阅读教学的重要作用，培养学生的学科核心素养。如何在中学英语阅读教学中培养学生的英语学科核心素养是目前亟待解决的问题。

在传统英语阅读课堂中，以教师讲授为主的教学模式打击了学生思维的主动性，造成学生主动思考缺失，以及求知欲、好奇心降低。这显然与培养核心素养的教学目标背道而驰。而基于巴赫金对话理论的教学模式反映的是在师生互相的基础上，师生间、生生间通过交流沟通相互学习，共同成长的教学关系。在这种理论指导下的课堂，教师不再是课堂的主宰者，而是学生的引导者

和对话者；学生也不再只是知识的被动接受者，而是课堂的探究者和发现者。

因此，对话教学区别于传统教学的地方在于，它强调了学生作为人的主观能动性，凸显了教学过程中互动、沟通的重要性，力求把学生培养成全面发展且具有独立意识的人。本文将以人教版英语教材九年级全一册第二单元I think that mooncakes are delicious!Section A 的阅读文章*Full Moon*，*Full Feelings*为例，阐述在对话理论指导下，基于核心素养的英语阅读教学理念。

二、有效提问孕育核心素养之芽

对话教学的核心是问答。好的问题可以激发学生的思考和想象，产生丰富、具有个性的回答。因此，问题的设置至关重要。在对话理论的指导下，课堂问题应具有灵活性、开放性，教师应尽量设计半开放式和开放式问题。在本课中，笔者主要设计了两个半开放式问题和一个开放式问题。分别是根据思维导图复述嫦娥奔月的故事；尽量优美地翻译本文标题：*Full Moon*，*Full Feelings*；逢蒙应不应该得到神药？为什么？

课堂提问还应具有明确性、具体性。教师要明确目标和要求，防止学生摸不着头脑，搞不清方向，避免无效问答。例如，针对文章标题的提问是翻译，对翻译的要求要尽可能优美。这就要求学生把握全文，对文章进行深层次的思考和探究。此问题的提出能帮助他们意识到由于句法结构上的差异导致中英文不同的表达习惯以及文章标题背后深藏的文化意义。

这些提问在充分考虑学生独特性的基础上——他们有不同的个性、经历、生活方式等，鼓励学生在阅读后根据自己已有知识和认知经验思考文本意义。提问由浅入深，形式从半开放到全开放，一步步引导学生深入思考，加强其对文本的理解和对文化内涵的探究，形成独具个人意义的回答。

三、自主探究、自由回答，培育核心素养之花

如果教师提问是课堂对话的开端、关键，则生生对话就是中心环节，也是其重要组成部分。它包括小组间、学生间的讨论和探究。下面我将延续上述三

个课堂问题来阐述本课中的生生对话。

在小组讨论前，学生们通过之前的学习对文本已经有了不同层次的了解。在小组讨论和探究环节，学生根据自己已有的知识经验，相互讨论、学习、操练和探究。此时，笔者退到学生之后，只是持欣赏和分享的态度，让学生自由发扬自己的个性和见解。在此过程中，英语语言能力较好的学生带动英语语言能力较差的学生，学习能力较好的学生引导学习能力较弱的学生，达到互相学习、共同进步的效果。

最终，在复述故事时，学生能够内化语言，根据故事中的关键人物和关键行为不同程度地复述故事。此时，学生的归纳、推理等高级认知能力得到了锻炼，翻译时，出现了各具特色的版本，如"圆圆的月亮，深深的思念""满月，满思念""月满，情浓"等，表明学生们理解了文章的文化内涵——月亮既是中秋节的象征，也是家庭团圆的象征；学生对逢蒙偷药的看法更是多种多样，有些学生持反对意见，因为"他偷了药可能会做坏事。""他不应该拿走不属于自己的东西。"等。也有表示学生赞成，因为"如果他偷到了药，嫦娥就不会升天，就可以和后羿幸福地生活在一起"；甚至还出现了笔者预期之外的有趣的答案——"即便逢蒙偷药也没关系，因为他服药后可能也会升天，后羿正好可以把他射下来"。这说明学生的语言能力和批判性思维得到了显著提升。

四、正向反馈滋养核心素养之果

一场完整的课堂对话，教师的评价和反馈必不可缺。适当的反馈能加强师生之间的交流，提升学生的学习热情和自信。怎样才是适当的反馈呢？如果教师只强调和自己期望的结果相一致的答案，学生就会像走钢丝的演员一样，只具备灵活的适应力，为了迎合教师和"正确答案"拒绝真正有意义的思考，有自我价值的思考。因此，在反馈时，教师要注意导向，进行正向反馈，进一步激励与引导学生自由思考、充分表达，从而获取知识技能、发展核心素养。

要做到正向反馈，首先要耐心倾听，尊重学生。在学生作答时要尽量避免打断。如遇到答不上来或结巴的现象，再适当给予提示。要多元评价，欣赏学生。在学生回答完毕后要做出积极而贴切的评价，如"Good idea.""You are thoughtful.""That's interesting."等。以上两点能够鼓励学生灵活思考，大胆表达自己的观点。

恰当时，还可以采取多主体评价，激发思考。例如，针对文章标题的翻译，我采取的是学生互评的形式。结果大部分同学认为"月满，情浓"的翻译最为恰当。他们发现这样翻译既符合中文的表达习惯，又传递了本文背后的文化内涵和情感，起到了达意传神的效果。通过生生互评，让学生有再次的思考机会，加强了他们深层次、多元文化的思维，树立了较强的跨文化意识。

必要时，还要针对性追问，启发学生。追问能让学生再次回忆、思考自己的答案，探索思考过程，让他们有机会更新、完善观点，甚至可以更深层次地领会在自己观点背后所隐藏的思想。比如，有个学生在复述故事时说道："Pang Meng steals the medicine and..."，可实际上逢蒙并没有偷到药。所以笔者在听完故事后问道：Did Pang Meng get the medicine? 该学生回答"No"，并马上意识到自己刚才用词不当，补充说道Pang Meng tried to steal the medicine。又如，在评价逢蒙是否应该偷得神药时，一位学生表示He should get the medicine because maybe he has some reasons.显然，学生还没有充分阐明自己的观点。于是笔者追问道：For example? 她马上补充道：His mother could be ill. 这里，笔者通过追问启发学生进行自我反思和自我修正，完善答案，并让学生体会自己观点背后的思想：人做坏事有可能是有难言之隐的，同时引申出中秋节的文化意义——家庭团圆美满。

五、结语

在英语阅读课堂中，教师不应仅仅教授知识点，而应以英语这门语言为媒介，在提高学生语言沟通、应用能力的基础上，帮助他们拓展思维、树立多元文化意识、培养高素质综合能力。这与对话教学强调师生沟通、合作，以交流对话的形式促进学生知识内化的理念不谋而合。因此，好的课堂应该是一场对话。本堂阅读课通过师生对话、生生对话，形成了提问—探究—回答—反馈的对话循环，不断推进教学向纵深发展。通过这场阅读对话，学生的语言学习和技能提升渗透到了语篇、语境、语用中，学习能力、文化素养和思维品格生成于语言实践中，最终指向了核心素养的培养。

参考文献：

［1］教育部.普通高中英语课程标准（2017年版）［M］.北京：人民教育出版社，2018.

［2］王蔷.核心素养背景下英语阅读教学：问题、原则、目标与路径［J］.英语学习，2017（2X）：19-23.

［3］吕星宇.对话教学：为思维而教［J］.教育研究与评论：中学教育教学，2009（5）：79-80.

［4］约翰·杜威.我们怎样思维［M］.姜文闵，译.北京：人民教育出版社，1991：3.

让初中英语阅读课更丰富

张 黎

一、初中英语教学中阅读课的地位

教育需要文化。离开文化，教育就失去了灵魂。而在英语教学中，能很好地给学生传递知识、文化，又能更好地培养学生的思维品质，莫过于阅读课。

二、初中英语教学中阅读课的现状

基于应试教育的现状，很多时候英语阅读课更多地强调阅读技巧的养成。而阅读技巧的养成一旦离开了思维品质的发展，对于学生来说，阅读课更像是湮没于题海战术中的负担。这就要求我们英语教师能跳出应试教育来看待阅读课。

三、初中英语教学中阅读课的可行性方法

（一）教师要注重激发学生的阅读兴趣，给学生提供丰富的语料选择

我们在精选语料的同时，也要把语料范围稍稍扩大。每个学生都有自己认知的最近发展区，教师可以尝试了解学生的兴趣点，把学生的兴趣点与要学的相关知识结合起来，让学生认识到学习有时也可以有趣，从而培养学生对英语学习的信心，如此才有利于帮助学生养成良好的阅读习惯。

（二）注重阅读观念的传递，弱化某些词汇在文章中的作用

让学生明白，在阅读文章中，碰到一些不认识的单词是很正常的事情。这样，才能在某种程度上减轻学生的畏难情绪。从长远角度看，也能更好地让学生享受阅读的乐趣。

（三）注重学生在学习过程中的主体地位

教师在学生的学习过程中只是引导者，充分利用各种活动让学生展现自己的学习能力，活动可以是英文小故事分享、英文流行歌曲演唱、英文情景剧表演、英语故事续写。很好的"输出"是学生"学会"的表现。

（四）充分利用网络时代带来的便利

网络上的资源极其丰富，教师可以优选一些资料丰富学生的认知，也可以利用多元化的资源丰富课堂。将书本内容与信息化技术融合，可以让书本内容更贴近学生的生活，更有利于学生在情境中学习。

（五）注重将中国文化和本土文化融入课堂

让学生学会英语的同时，感受中华文化的魅力。注重"立德树人"目标的达成。

总之，英语教师应不断学习、不断改进，不断丰富自己的教学方式，要在教学中反思，优化自己的教学理念，合理使用教学策略，为祖国培养更多优秀的人才。

分层教学法在初中英语阅读"智慧课堂"教学中的应用研究

张 敬

一、初中英语阅读教学现状

英语阅读课是初中学生语言输入的主要方式。而当前传统的班级英语教学基本上以教师为主导，遵循词汇教学—快速阅读并回答问题—慢速阅读找出文章细节—教师讲解文章框架—知识点讲解的模式。忽视了学生学习能力个体性的差异。同时由于每个学生对文本的理解以及阅读速度的差异，这种单一的模式不能很好地发挥学生的学习主体性，不能激发学生的阅读兴趣，不能让学生体会阅读的成就感。

二、分层教学法在智慧课堂中的定义和优势

（一）分层教学法在智慧课堂中的定义

智慧课堂是一种新型的教学模式，运用云计算、互联网实现"一对一"的交互式教学，学生通过平板接入互联网，教师则通过教师终端进入智慧课堂，能够实现立体化的交流互动。教师可以利用后台数据将不同水平的学生分成几个水平相似的群体或者小组存于云端，然后教师就可以根据他们的实际情况进行教学，推送不同层次的教学目标、课前预习作业和评价等从而使所有学生都能得到更好的发展。

（二）分层教学法在智慧课堂中的优势

1. 符合因材施教的教学原则

因材施教是分层教学法的主要教学理念。新课程标准要求教育坚持创新导向，课程要凸显学生的主体地位，关注学生个性化、多样化的学习和发展需求，增强课程适宜性。不同层次的学生在学习中有着不同的需求，只有采用分层的教学方法才能帮助学生在最短的时间内获得最大的学习效果，避免了传统的教学课堂上很多时候优秀生会因任务简单而变得散漫，学困生因任务困难而直接放弃的情况，既提高了教学的质量，又发挥了班级授课制的特点，并且因材施教的原则也得到了充分体现。

2. 激发学生阅读兴趣

传统英语阅读课中，教师为照顾大多数学生只能"抓中间，丢两边"。存在优秀生"吃不饱"，学困生"吃不好"的情况。而利用智慧课堂进行分层教学，推送不同任务，将学生从"齐步走"中解救出来。每一个学生都有教师量身定制的教学方案，符合"掌握学习理论"和"最近发展区理论"的理论基础，这样能够最大限度地激发学生的能力和潜力，激发学生的阅读兴趣。

3. 增强学生阅读自信

智慧课堂下的分层教学优势在于教师可以对不同组的阅读成果及时调出，且予以评价。教师在教学中可以对不同层次的学生采取不同的评价方式。常常表扬并及时对英语阅读学习有困难、自卑感强的学生进行肯定，消除他们阅读的恐惧感。帮助中等层次的学生找出不足并指出他们应该努力的方向，鼓励其继续努力。对自信心比较强的学生，教师要坚持高标准、严要求，并促使他们更加谦虚。传统课堂难以媲美的是，智慧课堂的评价系统是每节课自动累加的，并且会自动生成大数据，教师可以分时间段对学生进行阶段性奖励，进而增强学生的阅读自信。

三、初中英语阅读分层在智慧课堂教学中的应用

（一）学生分层，以人为本

新课程标准指出：教育一定要以学生为中心，以人为本，凸显中国特色社会主义思想为指导落实立德树人的根本目标。所以对学生进行分层要以学生为课堂中心且有一定的原则，避免一不小心就引起学生的心理问题，反而影响到他们的学习。通常来说，教师在充分考查学生的英语阅读状况，全面了解英语的阅读能力后可以根据学生的水平将学生分为三个层次：第一个层次是有一定英语基础的学生且有较强的阅读兴趣；第二个层次是学习能力一般的学生；第三个层次是学习基础较差缺乏良好阅读能力的学生。学生分层后录入教师平板，教师就可以分组向他们推送不同的任务。不同的处理方法是最重要的优化方法之一（李建刚）。所以这种分层教学的方法，可以减轻学习压力和负担，并增加学生对学习的兴趣。

（二）教学目标分层

学生之间存在阅读速度、阅读基础以及理解能力等方面的差异。采用分层教学法有利于对学生因材施教。传统阅读课堂教师设置统一的教学目标，导致优秀生很快做完无所事事，在课堂上浪费宝贵的时间，学困生在规定的时间内仍无法完成，逐渐产生自卑感。有了智慧课堂这一便捷模式，教师不必继续采用"一刀切"的教学目标，完全可以根据学生的分层特点和水平设置不同难度的教学目标，对于优秀生，教师可以扩大他们的知识面，做延伸阅读，充分展示他们的个性，做读后续写，不断挖掘其潜能；中等学生需要掌握一些阅读技能，需要理解文章稍有难度的任务；对于英语基础薄弱的学生来说，教师则避免大量英语知识的传授，尽量设置一些基础任务，制订与他们学习能力和水平相符的目标，让其体验成功的快乐。不同层次学生的学习任务发生变化，则可以最大可能地优化课堂效率。同时，分层教学还可以改善师生关系，营造良好的教学氛围。

（三）阅读课前预习分层

阅读课作业即让学生更好地理解作者想表达的思想以及方法等，是一种保障更深层次学习活动的一种学习行为。基于因材施教教学理论和微机派位下学生个体差异明显的教学现状，在阅读课前通过教学平板对不同分层的学生设计不同的预习作业，从而使学生在上课时能够有针对性地进行听讲，进而提高学生在阅读课上的学习效率。以预习Go for it七年级上册第六单元Section B 的阅读文章*Sports star eats well*为例，对每个层次学生的预习作业进行了以下设计。

1. 优秀生预习作业

首先，根据题目猜测文章内容We can know what the passage is about from the title and the topic sentence，要求学生用一句话表达。例如，It is about a sports star's eating habits。这要求学生有一定的语言理解以及表达能力。

其次，总结归纳。例如，What questions does David ask? 这是一篇采访型文章，能够把记者所提的问题归纳清楚，那么文章的预习任务也就完成了。

最后，在网上搜索一些国家队运动员的饮食菜谱和饮食要求，并且能够用英文在课堂上向同学们介绍。

2. 中等生预习作业

中等生的预习会要求学生能够利用阅读技巧找出文章的关键信息，并且回答相对有难度的题目。

首先，利用图片和标题，预测文章的标题。

What's the article about?

Student A：Sports.

Student B：A sports star.

Student C：A sports star's eating habits.

其次，仔细阅读文章，理解重点语法。标记出文章中值得学习的句型结构或者表达。例如， I like ...for breakfast. I think it is healthy.

最后，多阅读几遍文章，从整体上对文章进行把握。

3. 学困生预习作业

首先，给出Section A所学过的一些食物的词汇。例如，fruit，vegetables，eggs，chicken，hamburgers，ice-cream。区分哪些是healthy food和unhealthy food.

其次，Read the magazine article and circle the food words.

最后跟着平板反复朗读课文，并且通过平板朗读录音进行语音测评。

以上的分层预习任务都通过平板分组推送，每组的任务设置都遵循学生的最近发展区理论。优秀生在理解文章的基础上进行课外拓展，中等生更对文章有更深、更详细地理解，学困生能够熟悉课文在平板的帮助下完成有挑战性的任务。这样能做到以学生为中心，尊重学生的个体差异。

（四）阅读课上评价分层

传统的阅读教学中，通常是举手回答问题，并对回答正确的学生进行表扬，这样就造成了优生更喜欢回答问题甚至为了展现自我不举手直接在座位上报答案，剥夺了中等生和学困生课堂的思考时间。在智慧课堂进行分层后，竞争对象不再是全班同学而是水平相对接近的同学。教师课堂上可以根本不同层次的同学采取不同的评价机制。对学优生既要有赏识性的评价又要有批判性的评价，这样才能使学优生不断进步。对中等生采用激励性评价，他们回答问题时无论答案对错，只要不偏离主题，态度认真，教师都应对他们进行赞扬，并且指导他们寻找正确的答案，使他们拥有更加积极向上的态度；对学困生采用鼓励性评价，哪怕是单个的单词，不完整的句子都鼓励其表达并且为其点赞。与传统课堂不同的是，智慧课堂的点赞都会生成数据，教师、学生都可以很直观地看到自己的课堂表现和点赞次数。

（五）阅读课后作业分层

通过智慧阅读课堂，学生经历了课前预习和课堂教学。不同层次的学生基本上可以达到既定的学习目标。而分层的课后作业可以进一步提高不同层次学生的能力。仍以Go for it七年级上册第六单元Section B的阅读文章*Sports star eats well*为例，对每个层次学生的课后作业进行了以下设计，并通过平板推送，教师批改后平板可以直接得出学生掌握情况的数据，为教师的后期教学提供精准方向。

1. 优秀生课后作业

学优生可以采取有难度的拓展型作业。本文*Sports star eats well*是一篇采访型文章。课后要求学优生写一篇关于Cindy Smith的饮食习惯的报道文章，并额外拓展两条。要求学生利用本堂课的目标句型，这样可以让学生运用课堂所学，并且在此基础上进行转化。例如，Cindy loves fruit because she thinks it is healthy.

2. 中等生课后作业

由于基础知识的差异，中等生适合综合性的作业。让中等生直接写完整的报道有难度，那么就将难度拆分，布置中等生写五个句子，进行人称转换，谈谈辛迪的饮食习惯。例如，Cindy likes healthy food. Cindy doesn't like ......

3. 学困生课后作业

学困生则布置基础型作业。主要内容是教学目标内词汇短语的背记及基础型词汇短语的运用型作业，以帮助他们在完成相对简单的作业时建立英语学习的信心。

四、结论

综上所述，智慧课堂为教师的初中英语阅读分层教学提供了极大的方便，而英语阅读教学的有效与否将直接影响学生英语综合能力的提高和对英语国家文化的理解。学生分层、课程目标的分层，利用智慧课堂对课前预习作业布置、课堂评价、课后作业的分层推送等都是教师应用分层教学法的环节，运用得当，既可以极大地增强学生学习阅读的自信心，又可以提高学生的英语成绩，帮助学生养成良好的阅读习惯。

参考文献：

［1］Jack C. Richards Curriculum development in languageTeaching［M］. London：Cambridge University Press，2001.

［2］高璐.基于智慧课堂构建下初中英语听说教学设计策略研究［J］.求学，2021（19）：9-10.

［3］教育部.义务教育英语课程标准（2022年版）［M］.北京：北京师范大学出版社，2022.

［4］王英英.基于最近发展区理论的中学英语阅读教学研究［J］.吉林广播电视大学学报，2014（11）：141-142.

［5］李建刚.现代教学散论［M］.济南：山东教育出版社，2009.

［6］吴磊.初中英语教学分层教学的实践与研究［J］.课程教学研究，2014（33）：106-107.

［7］李芳.巴班斯基"教学过程的最优化"理论与外语教学的最优化问题［J］.外语教学，2001，22（1）：48-50.

［8］邱云兰.中学英语分层新法探究［M］.兰州：兰州大学出版社，2012.

［9］朱洁.分层教学在初中英语教学中的应用［D］.济南：山东师范大学，2012.

［10］吴慧琴.分层教学在初中英语阅读教学中的实践与研究［D］.上海：华东师范大学，2010.

对话理论下初中英语阅读教学初探

张琴

近二十年来国外对英语阅读的探究有了巨大的发展，阅读探究已从教育和心理的探究中独立出来并形成体系，还提出了多种英语阅读的理论模式。随着我国改革开放的进一步发展与深化，对中学生英语掌握运用的要求也日益提高。尤其在初中英语课程中，阅读是重要的组成部分。

在英语阅读中，文本对话的内涵是指读者与作者之间进行的一种思想交流与碰撞。它有别于传统意义上的独白式教学——教师解读文本，学生倾听老师的解读。这相对于对话，更像是第三者的讲述。因此，对话教学强调双方的互动，在阅读课堂上，它既包括教师与学生之间的对话，又包括学生与学生之间的对话及学生与文本之间的对话。它的外延可以扩展到这三方引发的心灵对话、元意识的处理和加工。

此探究以现行初中英语阅读教学为大背景，基于以往对学生的阅读意识和阅读策略的相关探究，以阅读教学中对话策略探究为切入点，探究现阶段初中生阅读意识淡薄的动因，以湖南师大附中星沙实验学校初中学生为探究对象，通过实地调查及探究进一步阐述初中学生英语阅读的主要问题。探究的核心聚焦在针对上述学生在阅读中存在的问题探究解决方案，并通过一定的方式方法验证所提出的方案在实际运用过程中的成效。

一、现阶段初中生英语阅读意识淡薄的成因

英语阅读对于大部分学生而言，都是学习过程中最为难以攻克的一座大山，而对于初中阶段的学生而言，其英语阅读意识淡薄的原因大致有以下几点：首先，基于学生的自身特点，学生在英语阅读中尚未找到自身的学习方式。小学英语多以对话、故事性的短文文章，初中学生进入初中后开始接触说明文、议论文等各种各样文体的文章，在课堂上大多只能跟随教师的思路进行英语阅读，逐渐适应了英语阅读课堂。此外，站在教育实施者的角度而言，课内阅读数量有限，课外阅读实施困难。其中，主要难在学生并未养成独立阅读的习惯，课后难以静心咀嚼英语文章。

二、初中生英语阅读存在的主要问题

阅读理解是一个复杂的心理认知过程，它既是语言文字的处理过程，又是学生已有背景知识的运用和处理过程。因其复杂性，导致学生在英语阅读中存

在以下问题：基础语言知识限制了学生的阅读水平；方法与习惯阻碍了学生阅读能力的发展；文本的难度和特性打击了学生的阅读兴趣。

三、如何将文本对话策略运用在英语阅读教学中

对话教学从其过程来看，体现了民主、沟通合作的教学氛围，更体现了适应时代精神的创新品格。因此，就其实施过程，应当注重以下原则和方法。

（一）民主、平等、和谐的课堂氛围

教师应当有意识的放手，在课堂上真正把学生当作学习的主体，转变自身观念，在课堂中实现从英语知识的传授者逐步向英语学习活动的组织者、引导者和合作者的转变。在阅读课的活动设计中，为学生逐步搭建好脚手架，以赞赏和热情鼓励学生们在阅读中探讨、合作和学习。教师要致力于建立平等的师生、生生人际关系，让学生真正参与对话过程。

（二）分层实施的有效对话

有效的对话，不应只在与对答如流的好学生中进行，一堂成功对话的英语阅读课，应当是使每一个学生都成为平等的对话者，给予每一个学生发言的机会。分层布置课堂任务，最大限度地让所有学生参与对话，为不同个性的学生创造不同的对话氛围和条件。

（三）课前、课中、课后的延续性对话

要真正实现课堂上对话的"狂欢化"，必须落实课前、课中、课后不同阶段的铺垫和总结工作。课前首先得让学生有意识地预习文本内容，实现学生与文本的初步对话，同时，培养学生的自主学习和独立阅读的能力。课中，充分给予不同层次的学生帮助和鼓励，加强小组合作、好带差的效果，让学生在课堂上都能发挥自己的价值。课后可与学生多进行沟通对话，了解学生的学习效果、兴趣爱好等，同时教师再根据学生的反馈对教学方法和方式进行适当的调整和完善。

四、结语

对话式阅读教学注重师生、学生、文本间的双向沟通、交流、互动，有利

于营造良好的课堂氛围，从而提高学生英语学习的积极性，有利于学生综合能力的培养。

浅析英语课堂中的沉默现象

罗诗琪

沉默作为一种交流方式普遍存在于人类社会中，它既能传达积极意义，也能传递消极意义。在英语课堂中，沉默现象也时常出现，带给教师或积极、或消极的反馈。探究消极沉默背后的原因，它的出现离不开教师、学生以及环境氛围多方面的因素。英语作为一门语言学科，课堂上大都鼓励并期待学生的表达，而非沉默以对，因此面对课堂上消极的沉默现象，教师需要采取恰当的措施，改善英语课堂的学习氛围，让学生更加积极地投入英语课堂学习中。

一、消极沉默与积极沉默

根据沉默性质的不同，可以将沉默分为消极沉默与积极沉默。正如《教学勇气》中所提及的，"沉默为我们提供了一个机会，反思我们说过的话和听到的信息"，积极沉默指的是学生思考问题必要的沉默时间，除此之外的其他沉默都属于消极沉默。

（一）英语课堂中的积极沉默

在英语阅读课上，教师通常会叫学生朗读文章，但在回答问题的环节中，学生回答问题前往往会出现沉默的时间段，这个时间段通常属于积极的沉默。在看到问题后，学生迅速默读浏览文章，找到自己所需要的信息，再组织语言进行表达，这一时间段内，学生在不断思考，而沉默氛围也更有助于其思考，因此，这种沉默传达的意义是积极的。但这种积极沉默的出现，关键也在于教师需要耐心地给予学生沉默的时间，而不加打断，让真正的教育得以出现。

（二）英语课堂中的消极沉默

在英语听说课中，围绕听力与口语交际开展的活动很多，旨在提高学生的听说能力。这就要求学生在课堂中积极参与，踊跃发言。在这个过程中，若教师与某位学生交谈互动，而该学生长时间闭口不语，这时出现的沉默便是消极的。无论该学生是否知道问题的答案，时间一久，他都未置一词，这种沉默传递的信息便是消极的。只有弄清楚消极沉默产生的原因，才有可能对症下药，减少沉默现象。

二、消极沉默背后的原因

探究消极沉默背后的原因，发现该现象的出现主要有学生、教师和课堂环境三方面的原因。

（一）从学生的角度而言：学生的恐惧心理、性格与知识储备

就学生而言，学生的恐惧心理、内向的性格和其知识储备的匮乏，都有可能造成英语课堂中沉默现象的出现。

学生因为害怕答错问题或害怕说英语被人嘲笑而在课堂上沉默不发言。在英语课堂上，回答问题基本都要说英语。而英语作为一门正在学习的新语言，在学生们日常生活中使用概率极小。许多学生对自己的英语口语不自信，恐惧开口说英语，更害怕英语发音不佳而遭到同学们嘲笑。因此，他们宁愿不说话，保持沉默。同样，在教师对全班同学进行提问时，有的同学也会因害怕答错问题而不举手。当全班同学都恐惧时，消极沉默现象便出现了。

学生因为性格内向而保持沉默。其性格是日积月累形成的，一时之间难以改变。有的学生因为性格内向，几乎很少、也不敢在全班同学面前讲话，更别说主动举手回答问题了。面对提问，他们通常会沉默等待其他同学的回答。有时候，教师提出一个问题，可能只有少部分同学能回答出来，而这些同学由于内向却不愿意作答，此时消极沉默现象就出现了。

学生因为没有足够的知识储备而无法作答，要有足够的知识输入才有可能灵活自如地输出。但在英语课堂上，教师除了传授基础知识，也会涉及些许拓展延伸问题，当学生们知识储备不够时，无法回答教师的问题。这也是造成消极沉默现象的一个重要原因。

（二）从教师的角度而言：教师的教学设计与教学内容

就教师而言，教师若采用不恰当的教学方式或者教授无趣的教学内容，都有可能导致沉默现象的出现。

教师的教学设计不恰当，会在一定程度上影响英语课堂。有的教师在设计问题时，难以掌握其难易程度，难度超出了学生们的一般水平，学生无法回答，抑或是设计得过于简单，无法激发学生的能动性，学生不想回答。也有的教师在提问时，并未预留学生思考的时间，要求学生立刻作答。诸如此类的不当的教学设计，使得课堂中出现沉默现象的概率大大提高了。

课本知识本身可能是枯燥乏味的，有的教师会创新使用课本内容，变乏味为趣味；而有的教师则直接进行教学，其课堂毫无趣味性，无法吸引学生们的注意力，得不到学生的配合。因此，在教师提问时，他们没有兴趣回应，甚至不知道教师提的问题，此时课堂就会陷入消极沉默。

（三）从课堂环境的角度而言：课堂气氛

课堂是教学展开的场所，其环境和氛围都会直接影响教师的教学效率以及学生的参与度。在当前的英语课堂中，课堂整体氛围普遍偏枯燥，无法激发学生的学习兴趣。长此以往，他们失去学习英语的热情，选择在英语课堂上保持沉默。

三、英语课堂消极沉默现象的应对策略

（一）给予学生充分的肯定与鼓励

据前文中有关沉默背后的原因分析可知，对于学生而言，他们常常因为内心的恐惧而保持沉默，害怕答错问题，也害怕英语口语发音被人取笑。因此，教师需要给予学生充分的肯定与鼓励。当学生主动回答问题时，教师首先要肯

定学生的勇气，给予表扬，再关注学生的回答。如果答案出现错误时，也不要立刻否定学生，而是顺着学生的思维，引导学生找到正确答案。对于英语口语而言，要不断告诉学生，不要怕犯错，只要学生愿意开口说英语就是值得鼓励的。通过不断地鼓励与积极引导，让更多的学生能尝试克服恐惧，敢于在英语课堂上开口说英语，回答问题。

（二）改进英语教学设计

教学是一门艺术，面对水平不一的学生，教师必须提前了解学生的真实学情，根据他们的基础设置课堂流程与活动。在课堂提问时，教师也应该用恰当的语言，提出符合学生能力水平的问题，最大化地激发学生的兴趣，引导学生思考并回答问题。而在学生回答问题时，教师也应该尊重学生，给予学生独立思考的空间，允许积极沉默的出现，仔细聆听学生的回答。

面对一届又一届的学生，以及一个个独立的个体，教师的教学设计不能一成不变。教师要尽可能因材施教，不断更新教学设计，找到最适合学生的那种方式教学。如此一来，学生才能在教师的悉心引导下，紧跟课堂节奏，与教师交流互动，投入课堂学习中。

（三）营造趣味性教学氛围

如今的英语课堂已不再是单一的教学法、以教师为中心的课堂，而是多种教学法融合、以学生为中心的课堂，教师可以设计多种活动，用丰富的课堂流程吸引学生，营造趣味性教学氛围，让更多的学生参与课堂互动。随着多媒体技术的应用，其也为课堂活动的选择提供了更多素材，趣味性英语课堂成为可能。

兴趣往往是学生的第一选择，用趣味性课堂活动与内容吸引学生，能打破沉默，让学生自愿参与课堂的交流与互动，在快乐中学习，充分激发他们学习英语的主观能动性，为其日后英语的长期学习奠定基础。

四、结语

综上所述，英语课堂中的沉默现象可以分为积极沉默与消极沉默，消极沉默的诱因多种多样，它与学生的内在心理因素以及外在客观原因、教师的教学设计与教学内容、课堂环境氛围等都有关联。作为英语教师，应该了解沉默背后的原因，并学会区分积极沉默与消极沉默，以采取不同的应对措施，提升学生英语学习的兴趣。

参考文献：

［1］帕克·帕尔默.教学勇气［M］.吴国珍，余巍，译.上海：华东师范大学出版社，2005：205.

［2］钱瑾.浅谈高中英语课堂沉默现象［J］.科教文汇，2019（2）：137-138.

［3］于静.初中英语课堂学生沉默现象成因与对策研究［J］.成才之路，2019（5）：28.

［4］刘艳辉.初中英语课堂沉默现象探析［J］.课程教究，2018（33）：112-113.